全国教育科

教育部重点课题

《高中生生涯规划指导模式的研究》

课题批准号：DBA170416

心的方向
——高中生涯课程

主　编　江坚智

副主编　李　莉　郑艳春　陈少静　张金凤

中国原子能出版社

China Atomic Energy Press

图书在版编目（CIP）数据

心的方向 ：高中生涯课程 / 江坚智主编 ． -- 北京 ：
中国原子能出版社，2019.3
ISBN 978-7-5022-9697-1

Ⅰ．①心… Ⅱ．①江… Ⅲ．①高中生－职业选择－教
材 Ⅳ．① G635.5

中国版本图书馆 CIP 数据核字（2019）第 044058 号

内容简介

本书是国家级课题《高中生生涯规划指导模式的研究》的成果，课题批准号：DBA170416；书稿是高中生生涯规划教育教材，主要用于指导高中生明确人生方向、做出适合自己的选择。全书分为三个部分：主要包括自我认识、理想指导和职业选择三个方面的内容。自我认识主要包括对自己性格、爱好、兴趣、价值观、职业方向等内容的探索；理想指导主要帮助孩子树立未来取向，多看未来，多看自己的未来，从未来的发展方向再反过来指导现在的学习生活；引导学生创造自己生命的意义。职业选择主要是了解职业，重点是进行职业方向的测试，以及接下来为达到目标要付出的可能努力，即对现下生活的指导。

心的方向——高中生涯课程

出版发行	中国原子能出版社（北京市海淀区阜成路 43 号　100048）
责任编辑	王 丹　高树超
装帧设计	河北优盛文化传播有限公司
责任校对	冯莲凤
责任印制	潘玉玲
印　　刷	定州启航印刷有限公司
开　　本	710 mm×1000 mm　1/16
印　　张	12.5
字　　数	235 千字
版　　次	2019 年 3 月第 1 版　2019 年 3 月第 1 次印刷
书　　号	ISBN 978-7-5022-9697-1
定　　价	39.00 元

发行电话：010-68452845

序 言

　　轮峰叠翠，留下了同安一中芸芸园丁寒暑易节生涯探索的跋涉足迹；东溪塔影，见证了同安一中莘莘学子春来秋往生涯追梦的心路历程。五百多个日日夜夜，老师们晨披朝霞、夜浴星辉，耕耘在生涯教育园地。一年又半载的风风雨雨，同学们一洗往日的幼稚和鲁莽，逐步变得成熟与优雅，积淀了智慧和信念，稳步迈入人生旅途。

　　新高考以既定的步伐款款向我们走来。新高考历史性神圣地赋予了学生更多的自主选择权，新高考科目设置是语文、数学、外语加"六选三"，"六选三"怎么选？选择什么样的大学专业？怎样才能考上自己心仪的大学？大学又为同学们铺就了怎样的生涯发展道路？一系列问题扑面而来，不容我们不直面以对。经过一年半的艰苦探索，老师们将自己的辛勤汗水结晶为《心的方向——高中生涯课程》一书。

　　本书共五章。第一章生涯唤醒，包括生涯缘起、生涯起航两节；第二章自我探索，包括客观的我、人生曲线、40岁的我、生涯彩虹图、家族树（我的助力资源）、职业兴趣、识别自我能力、职业价值观知多少、性格透视等九节；第三章外部世界，包括学科门类与专业、走近大学、职业探索等三节；第四章综合能力，包括选科决策、目标管理、时间管理、压力管理等四节；第五章未来之路，包括我的未来我做主、我的未来不是梦两节。每一节都设计了生涯人物故事、我的感悟、活动探索、生涯知识、生涯拓展，以帮助同学们更好地学习、理解生涯教育的内容。

　　我们希望通过这本书帮助同学们树立生涯意识，充分利用学校、家庭、社会资源，借助信息技术手段，通过自身的观察、体验、分析、综合，不断丰富和完善生涯规划。我们力求帮助同学们逐步明确自己的生涯目标，自主设计成长发展路径，科学管控高中学业，进而顺利实现自主选科选考。我们深信，同学们能够在生涯目标的引领下自主科学地规划人生，让高中学习生活更精彩！

江坚智

2018 年 1 月 18 日于大轮山麓

心的方向

　　歌星周华健的歌声时常萦绕在我们的耳边：

追逐风追逐太阳，

在人生的大道上，

追逐我的理想，

我的方向就在前方。

载着一颗年轻的心，

沿途装满了理想，

我的心不断地飞翔，

路不断地向前伸展。

我的方向就在前方，

追逐我的理想，

心的方向。

　　新的时代，赋予了我们新的使命；新的征程，给予了我们新的方向。牢记使命，砥砺前行；追逐理想，我心飞翔。有梦想方能飞得更高，有目标方能走得更远。让我们揣上人生梦想，朝着既定的目标，展翅飞向人生远方！

目录

CONTENTS

第一章
生涯唤醒

第 1 节　生涯缘起

 一、生涯人物故事

 大嗓门儿的刘纯燕

刘纯燕，央视著名儿童节目主持人，1966 年 8 月 20 日出生于北京。高中时候的她长得很平凡，个子不高，性格外向，爱说爱笑，而且有个特点就是大嗓门儿。她觉得这个是自己的优势，所以她认为播音很适合自己，并把自己将来的事业定位在播音员领域。为了实现这样的目标，从高中时期，她就在文科上花了大量的工夫，阅读了许多书籍来丰富自己的文化知识。她还意识到将来从事这个领域的职业还需要人际沟通、表演、演唱等能力，因此她在高中阶段积极参加学校的表演社和音乐社等组织的各种活动。终于，在高考时她以专业课第二名的成绩被北京广播学院（现中国传媒大学）播音系录取。

之后，刘纯燕便以金龟子的形象成为央视的第一个卡通节目主持人，主持《大风车》《聪明屋》等栏目，深受小朋友们的喜爱。她分别于 1999 年、2012 年获得"金话筒"奖，2014 年出演电影《新大头儿子和小头爸爸之秘密计划》，2015 年为央视春晚吉祥物"阳阳"配音，2018 年还参与了电影《新大头儿子和小头爸爸 3：俄罗斯奇遇记》的配音工作，在配音与主持方面取得了巨大成就。

（资料来源：刘纯燕. 我是金龟子[J]. 素质教育博览，2006(24). 有新增）

二、我的感悟

读完刘纯燕的故事，你觉得她能够实现生涯梦想的原因是什么？对你有什么启发？你有生涯梦想吗？你的生涯梦想是什么？为实现这个生涯梦想，高中三年你打算怎么过？

_____

_____

_____

三、活动探索

活动一：头脑风暴——生涯规划是新事物吗

舒伯认为生涯统合了个人一生中各种职业和生活角色，最终表现出了个体独特的自我发展模型。

生涯指从事某种活动或职业的生活，也指生命、人生。因此，生涯规划也称人生规划，生涯规划即运用心理学、脑科学和生涯发展学科的专业知识，帮助个体发现最佳潜能优势结构，科学确立适合发展的核心目标，制订行动方案，提升自信，完善不足，解决在学习、工作中的各类问题。

生涯规划是新事物吗？小时候大人问小孩子长大做什么，早些年的小孩子可能回答：做工、赚钱、娶老婆、生孩子；父辈们在他们小的时候回答做医生、当警察、当兵；而我们的回答是当科学家、企业家、歌星等，有向往、有梦想、有出息。但多数时候往往是凭着自己的感觉随口说说而已。

初中时再有人问我们长大做什么，我们不会也不敢回答，懂得要负责任从而不敢脱口而出了。开始有想法了，发现要凭考试成绩：成绩好的想考高中读大学，成绩差的想要有个好工作。

生涯规划对你而言就是为什么而读书的问题，你觉得生涯规划是新事物吗？为什么？你是为什么而读书？请你写下自己的思考之后，跟同桌或是小组成员就这三个问题进行交流讨论，交换意见，最后把你们这次讨论碰撞的心得记录下来。

活动二：人生的七个阶段

全世界是一个舞台，
所有的男男女女不过是一些演员；
他们都有下场的时候，也都有上场的时候。
一个人的一生中扮演着好几个角色，
他的表演可以分为七个时期。
最初是婴孩，在保姆的怀中啼哭呕吐。
然后是背着书包、满脸红光的学童，

像蜗牛一样慢腾腾地拖着脚步，不情愿地呜咽着上学堂。

然后是情人，

像炉灶一样叹着气，写了一首悲哀的诗歌咏着他恋人的眉毛。

然后是一个军人，

满口发着古怪的誓，胡须长得像豹子一样，爱惜着名誉，动不动就要打架，

在炮口上寻找着泡沫一样的荣名。

然后是法官，

胖胖圆圆的肚子塞满了阉鸡，

凛然的眼光，整洁的胡须，满嘴都是格言和老生常谈；

他这样扮了他的一个角色。

第六个时期变成了精瘦的跛着拖鞋的龙钟老叟，

鼻子上架着眼镜，腰边悬着钱袋；

他那年轻时候节省下来的长袜子，

套在他皱瘪的小腿上显得宽大异常；

他那朗朗的男子的口音又变成了孩子似的尖声，

像是吹着风笛和哨子。

终结着这段古怪的多事的历史的最后一场，

是孩提时代的再现，全然的遗忘，

没有牙齿，没有眼睛，没有口味，没有一切。

（资料来源：莎士比亚.莎士比亚喜剧集 [M].朱生豪，译.北京：北京燕山出版社，2000.）

1. 请你思考莎士比亚的这段话剧台词中表述了人生的几个阶段？

_____

_____

2. 你怎么理解人生的各个阶段以及相应需要完成的主要任务？各个阶段之间彼此有什么样的联系？

_____

_____

活动三：最会"逆袭"的文科学霸

大概没人能想到，百度创始人李彦宏上高中时是班级中的文科学霸。每次他的作文都会被当成范文在全班展示。不过对历史和地理明显更感兴趣的李彦宏最终却选择成为一名理科生，原因是，李彦宏发现在学习上与他竞争的同学都选择

了理科。文科学霸李彦宏最终选择了更具挑战性的学习内容，成为了一名理科生。

从高中开始就是全国青少年程序设计大赛常客的李彦宏，毫无疑问地喜爱着计算机，但填报高考志愿时他的第一志愿不是北大计算机系，而是信息管理系，因为他考虑到将来计算机肯定应用广泛，单纯地学计算机恐怕不如把计算机和某项应用结合起来有前途。能这么早洞悉计算机科技产业趋势，这个文科学霸还真是蛮"恐怖"的。

（资料来源：李彦宏，冷轩．抉择改变人生 [J]．中学生百科，2016(Z3):34-35.）

百度创始人李彦宏的生涯选择，对你的高中生涯选择有什么样的启示？

四、生涯知识

（一）生涯的几个特性

综观各个知名学者对生涯的定义，可知生涯具有下面几个特性。

1. 终生性

生涯的发展是一生当中连续不断的过程。生涯概括了一个人一生中所拥有的各种职位、角色，因此，生涯不是个人在某一阶段所特有的，而是终生发展的过程。

2. 独特性

每个人的生涯发展是独一无二的。生涯是个人依据其人生理想，为了自我实现而逐渐展开的一种独特的生命历程，不同的个体有不同的生涯，也许某些人在生涯的形态上有相似的地方，但其实质却可能是完全不同的。

3. 发展性

人是生涯的主动塑造者。生涯是一个动态的发展历程，个人在人生的不同阶段中会有不同的期求，这些期求会不断地变化与发展，个体也会随之不断地成长。

4. 综合性

生涯是以个人事业角色的发展为主轴，也包括了其他与工作有关的角色。生涯并不是个人在某一时段所拥有的职位、角色，而是个人在他一生中所拥有的所有职位、角色的总和，这个总和不只局限于个人的职业角色，也包括学生、子女、父母、公民等涵盖人生整体发展的各个层面的各种角色。

（二）决定生涯的因素

决定一个人生涯发展的因素是有很多的，总括起来包括。

1. 个人的特质和经验

（1）心理特质：如能力、能力倾向、人格特质、自我概念、成就动机等。

（2）生理特质：如健康程度、形体容貌、性别、精力等。

（3）经验：如受教育程度、受过的训练、掌握的技能、工作经历、休闲活动、社会活动、社交技巧等。

2. 个人的背景状况

（1）父母的家庭背景：如父母的社会经济地位、父母从事的职业、家庭经济状况、父母的期望等。

（2）自己的家庭背景：如婚姻关系、夫妻间依赖的程度、配偶的期望等。

（3）一般状况：如种族、宗教、生活环境等。

3. 个人的环境状况

包括所处的社会经济状况、职业变化趋势、技术发展趋势、所处的国际环境、面临的国家政策等。

不可预期的因素包括地震、意外、疾病、死亡等难以预期的事件。

（三）生涯辅导简述

（1）生涯辅导的前身为职业辅导，传统的职业辅导着重在人与事的配合上，而生涯辅导则以生命历程的事业生涯发展为核心。

（2）工业革命之后，劳动场所和家庭的分离、新兴职业的快速更替、社会职业的专门化、两性职业刻板化印象的消失以及工作意义的改变，都使职业辅导的产生成为必需和必然的事物。

（3）1909 年帕森斯的名著《职业选择》出版，书中系统阐述了职业辅导史上第一个科学的职业选择理论，即特质因素理论，这一理论对于今天的职业辅导和生涯辅导仍具有现实的指导意义。正是由于帕森斯的极富创意的工作及其所产生的深远影响，他被后人尊称为"职业辅导之父"。

（4）心理测验运动、职业资料的整理和威廉姆逊在明尼苏达大学的工作，使职业辅导更具成效。

（5）1942年，罗杰斯名著《心理咨询和心理疗法》的出版，标志着心理辅导发展史上又一个学派的兴起。在该书中，罗杰斯提出以咨询对象为中心的"非指导学派"，向传统的以咨询者为中心的"指导学派"提出了挑战。

（6）舒伯发展了金斯伯格等人的理论，提出个人生涯发展可分为成长、探索、建立、维持到衰退五个时期。舒伯生涯发展理论的提出，可以说是职业辅导转变为生涯辅导的标志。

（7）舒伯是突破帕森斯观点的领导者。因为在舒伯之前，特质因素理论一统职业辅导的天下，而自舒伯开始，生涯辅导理论大量涌现，呈现出百家争鸣的局面。

（8）20世纪60年代前后，是西方生涯辅导理论成型和成长的重要时期，随着生涯发展理论的提出和生涯辅导理论的成型，生涯辅导取代了职业辅导的地位。

（9）在生涯辅导的推演过程中，20世纪70年代美国的生涯教育运动起了推波助澜的作用。

（10）20世纪80年代生涯辅导理论又有了新的发展，生涯辅导成为现代学校教育与心理辅导的一个重要部分，正在日益展现其功能。

（资料来源：沈之菲.生涯心理辅导 [M].上海：上海教育出版社，2004.）

◆ 五、生涯拓展

约翰·戈达德的梦想清单

Explore【探险】

★ No.1 Nile River（尼罗河）

★ No.2 Amazon River（亚马孙河）

★ No.3 Congo River（刚果河）

★ No.4 Colorado River（科罗拉多河，位于美国西南部）

★ No.5 Yangtze River, China（长江，中国）

★ No.6 Niger River（尼日尔河）

★ No.7 Orinoco River, Venezuela（奥里诺科河，委内瑞拉）

★ No.8 Rio Coco, Nicaragua（可可河，尼加拉瓜）

● Study Primitive【学习原始文化】

★ No.9 The Congo（刚果）

★ No.10 New Guinea（新几内亚）

★ No.11 Brazil（巴西）

★ No.12 Borneo（婆罗洲）

★ No.13 The Sudan（苏丹）

★ No.14 Australia（澳大利亚）

★ No.15 Kenya（肯尼亚）

★ No.16 The Philippines（菲律宾）

★ No.17 Tanzania（坦桑尼亚）

★ No.18 Ethiopia（埃塞俄比亚）

★ No.19 Nigeria（尼日利亚）

★ No.20 Alaska（阿拉斯加）

● Climb【攀登】

★ No.21 Mt. Everest（珠穆朗玛峰）

★ No.22 Mt. Aconcagua, Argentina（阿空加瓜峰，阿根廷）

★ No.23 Mt. McKinley（麦金利山，位于阿拉斯加）

★ No.24 Mt. Huascaran, Peru（瓦斯卡兰山，秘鲁）

★ No.25 Mt. Kilimanjaro（乞力马扎罗火山，位于坦桑尼亚）

★ No.26 Mt. Ararat, Turkey（亚拉拉特峰，土耳其）

★ No.27 Mt. Kenya（肯尼亚山，位于肯尼亚）

★ No.28 Mt. Cook, New Zealand（库克山，新西兰）

★ No.29 Mt. Popocatépetl, Mexico（波波卡特佩特火山，墨西哥）

★ No.30 The Matterhorn（马特洪峰，位于瑞士、意大利交界）

★ No.31 Mt. Rainier（雷尼尔山，位于美国华盛顿州）

★ No.32 Mt. Fuji（富士山）

★ No.33 Mt. Vesuvius（维苏威火山，位于意大利坎帕尼亚大区）

★ No.34 Mt. Bromo, Java（婆罗摩火山，爪哇，位于印尼爪哇岛）

★ No.35 Grand Teton（大提顿山，位于美国）

★ No.36 Mt. Baldy, California（鲍尔迪山，加利福尼亚）

Photograph【摄影】

★ No.37 Iguacu Falls, Brazil（伊瓜苏瀑布，巴西，位于巴西与阿根廷的交界处）

★ No.38 Victoria Falls, Rhodesia（维多利亚瀑布，罗德西亚，现名津巴布韦）

★ No.39 Sutherland Falls, New Zealand（萨瑟兰瀑布，新西兰）

★ No.40 Yosemite Falls（约塞米蒂瀑布，位于美国加州）

★ No.41 Niagara Falls（尼亚加拉瀑布，位于美加交界处）

★ No.42 Retrace travels of Marco Polo and Alexander the Great（重走马可·波罗与亚历山大大帝曾走过的路）

Explore Underwater【水下探险】

★ No.43 Coral reefs of Florida（佛罗里达的珊瑚礁）

★ No.44 Great Barrier Reef, Australia（大堡礁，澳大利亚，位于澳大利亚昆士兰州）

★ No.45 Red Sea（红海，位于非洲与阿拉伯半岛之间）

★ No.46 Fiji Islands（斐济群岛）

★ No.47 The Bahamas（巴哈马群岛）

★ No.48 Explore Okefenokee Swamp and the Everglades（探险奥克弗诺基沼泽和佛罗里达大沼泽地，约翰·戈达德第一个完成的清单项目）

Visit【造访】

★ No.49 North and south poles（南北极）

★ No.50 Great Wall of China（中国长城）

★ No.51 Panama and Suez Canals（巴拿马运河和苏伊士运河）

★ No.52 Easter Island（复活节岛，位于智利）

★ No.53 The Galapagos Islands（加拉帕戈斯群岛，位于厄瓜多尔）

★ No.54 Vatican City（梵蒂冈，约翰在那里见到了教皇）

★ No.55 The Taj Mahal（泰姬陵，位于印度北方邦阿格拉）

★ No.56 The Eiffel Tower（埃菲尔铁塔）

★ No.57 The Blue Grotto（蓝洞，马耳他）

★ No.58 The Tower of London（伦敦塔）

★ No.59 The Leaning Tower of Pisa（比萨斜塔，位于意大利托斯卡纳大区比萨）

★ No.60 The Sacred Well of Chichen-Itza, Mexico（奇琴伊察圣井，墨西哥）

★ No.61 Climb Ayers Rock in Australia（攀登澳大利亚的艾尔斯岩，位于澳大利亚北领地）

★ No.62 Follow River Jordan from Sea of Galilee to Dead Sea（顺着约旦河沿着加利利海到死海，位于西亚）

Swim In【游泳】

★ No.63 Lake Victoria（维多利亚湖，位于东非）

★ No.64 Lake Superior（苏必利尔湖，位于美国与加拿大之间）

★ No.65 Lake Tanganyika（坦噶尼喀湖，位于东非）

★ No.66 Lake Titicaca, S. America（的的喀喀湖，南美，位于玻利维亚与秘鲁的交界处）

★ No.67 Lake Nicaragua（尼加拉瓜湖，位于尼加拉瓜境内）

Accomplish【完成目标】

★ No.68 Carry out careers in medicine and exploration（开展医药与探险事业）

★ No.69 Visit every country in the world（造访世界每个国家和地区）

★ No.70 Study Navaho and Hopi Indians（学习印第安人的纳瓦霍语和霍皮语）

★ No.71 Learn to fly a plane（学习驾驶飞机）

★ No.72 Ride horse in Rose Parade（在玫瑰花车大游行中骑马）

★ No.73 Become an Eagle Scout（成为一名鹰级童子军）

★ No.74 Dive in a submarine（乘潜水艇潜入海底）

★ No.75 Land on and take off from an aircraft carrier（驾驶飞机在航母上起降）

★ No.76 Fly in a blimp, balloon and glider（驾驶飞艇、热气球和滑翔机）

★ No.77 Ride an elephant, camel, ostrich and bronco（骑大象、骆驼、鸵鸟和野马）

★ No.78 Skin dive to 40 feet and hold breath two and a half minutes underwater（潜水至水底 40 英尺并憋气 2 分钟半，40 英尺约合 12.19 米）

★ No.79 Catch a ten-pound lobster and a ten-inch abalone（抓一只 10 磅重的龙虾和一只 10 英寸长的鲍鱼）

★ No.80 Play flute and violin（学吹长笛和拉小提琴）

★ No.81 Type 50 words a minute（一分钟内打字 50 个）

★ No.82 Make a parachute jump（跳伞）

★ No.83 Learn water and snow skiing（学会游泳和滑雪）

★ No.84 Go on a church mission（为教堂传道）

★ No.85 Follow the John Muir trail（穿越约翰·缪尔步道，世界十大徒步路线之一）

★ No.86 Study native medicines and bring back useful ones（学习地方医术并带回实用的医疗技术）

★ No.87 Bag camera trophies of elephant, lion, rhino, cheetah, cape buffalo and whale（拍摄大象、狮子、犀牛、猎豹、非洲野牛和鲸）

★ No.88 Learn to fence（学会围栅栏）

★ No.89 Learn jujitsu（学习柔道）

★ No.90 Teach a college course（教授一个大学课程）

★ No.91 Watch a cremation ceremony in Bali（在巴厘岛参观火葬仪式）

★ No.92 Explore depths of the sea（探测海洋深度）

★ No.93 Appear in a Tarzan movie（参演《人猿泰山》）

★ No.94 Own a horse, chimpanzee, cheetah, ocelot and coyote（拥有一匹马、黑猩猩、猎豹、豹猫和郊狼）

★ No.95 Become a ham radio operator（成为一名业余无线电报务员）

★ No.96 Build own telescope（自己制造一台望远镜）

★ No.97 Write a book（写一本书，已出版《尼罗河之旅》）

★ No.98 Publish an article in National Geographic Magazine（在《美国国家地理》杂志上发表文章）

★ No.99 High jump five feet（跳高达 5 英尺，合 1.524 米）

★ No.100 Broad jump 15 feet（跳远达 15 英尺，合 4.572 米）

★ No.101 Run mile in five minutes（在 5 分钟内跑完 1 英里，1 英里约合 1.6093 千米）

★ No.102 Weigh 175 pounds stripped（除去衣物净体重为 175 磅，175 磅约合 79.37 千克）

★ No.103 Perform 200 sit-ups and 20 pull-ups（连续做 200 个仰卧起坐和 20 个引体向上）

★ No.104 Learn French, Spanish and Arabic（学习法语、西班牙语和阿拉伯语）

★ No.105 Study dragon lizards on Komodo Island（在科莫多岛上研究龙蜥蜴）

★ No.106 Visit birthplace of Grandfather Sorenson in Denmark（拜访外公索伦森在丹麦的出生地）

★ No.107 Visit birthplace of Grandfather Goddard in England（拜访爷爷戈达德在英国的出生地）

★ No.108 Ship aboard a freighter as a seaman（在船上当一回水手）

★ No.109 Read the entire Encyclopedia Britannica（读完《大英百科全书》）

★ No.110 Read the Bible from cover to cover（从头到尾读完《圣经》）

★ No.111 Read the works of Shakespeare, Plato, Aristotle, Dickens, Thoreau, Rousseau, Conrad, Hemingway, Mark Twain, Burroughs, Talmage, Tolstoy, Longfellow, Keats, Poe, Bacon, Whittier and Emerson（读莎士比亚、柏拉图、亚里士多德、狄更斯、梭罗、卢梭、康拉德、海明威、马克·吐温、巴勒斯、塔尔梅奇、托尔斯泰、朗费罗、济慈、坡、培根、惠蒂埃和爱默生的作品）

★ No.112 Become familiar with the compositions of Bach, Beethoven, Debussy, Ibert, Mendelssohn, Lalo, Liszt, Rimski-Korsakov, Respighi, Rachmaninoff, Paganini, Stravinsky, Toch, Tschaikovsky, Verdi（熟悉巴赫、贝多芬、德布西、伊贝尔、门德尔松、拉罗、李斯特、里姆斯基–科萨柯夫、雷斯皮基、拉赫玛尼诺夫、帕格尼尼、史塔温斯基、托赫、柴可夫斯基、威尔第的音乐作品）

★ No.113 Become proficient in the use of a plane, motorcycle, tractor, surfboard, rifle, pistol, canoe, microscope, football, basketball, bow and arrow, lariat and boomerang（熟练地掌握飞机、摩托车、拖拉机、冲浪板、来复枪、手枪、独木舟、显微镜、足球、篮球、弓箭、套索和回飞镖的操作技术）

★ No.114 Compose music（作曲）

★ No.115 Play Clair de Lune on the piano（用钢琴演奏《月光曲》）

★ No.116 Watch fire-walking ceremony（观看渡火仪式，在巴厘岛和苏里南）

★ No.117 Milk a poisonous snake（取一条毒蛇的毒液，曾被一条毒蛇咬到）

★ No.118 Light a match with .22 rifle（用一只 22 型来复枪点燃火柴）

★ No.119 Visit a movie studio（参观电影棚）

★ No.120 Climb Cheops' pyramid（攀登胡夫金字塔）

★ No.121 Become a member of the Explorer's Club and the Adventure's Club（成为"探险家俱乐部"和"冒险俱乐部"的成员）

★ No.122 Learn to play polo（学打马球）

★ No.123 Travel through the Grand Canyon on foot and by boat（步行和走水路穿越大峡谷）

★ No.124 Circumnavigate the globe（环球航行）

★ No.125 Visit the moon（访问月球）

★ No.126 Marry and have children（结婚和生孩子，一生共有 6 个子女）

★ No.127 Live to see the 21st century（活到 21 世纪，于 2013 年离世）

这位就是很多人的终极偶像与灯塔、古往今来最伟大的探险家与目标实现者——约翰·戈达德（1924—2013），他用毕生努力完成了这 127 项生命清单中的 113 项，非常了不起。在他的 127 项生命清单中，大多数是常人难以做到的，但也有寻常和比较容易的。

（资料来源：http://blog.sina.com.cn/s/blog_53085b8d0102w87u.html）

第 2 节　生涯起航

 一、生涯人物故事

 选择与放弃

　　1998 年，刘立早的高考考分上了浙江大学的调档线，但未被他所报的院系录取，而是被调剂到了化学工程与工艺系。虽然心里不喜欢，但他的成绩还是"混"到了全班第一，还担任了该系学生会党支部书记。临近毕业的刘立早面临着两难选择：要么通过考研选择自己喜欢的专业；要么留在化工类专业通过保送读清华大学的"直博生"。

　　刘立早因为"对清华大学的崇拜"，加上也没有更好的选择，带着莫名的遗憾，最终选择踏进清华园。在读博期间，博士毕业论文让他陷入了沉思：我到底该做什么？这就是我毕生追求的东西吗？

　　刘立早仔细地分析了自己。他觉得自己应该学那种工科和文科（如文学、艺术、绘画）结合的学科。因为"我是那样的料！"于是，他下决心退学，参加高考，考进清华建筑系。

　　很多人很纳闷为什么刘立早不在大学转专业。其实很多人知道转专业很难。各高校转专业都有一定的条件和限制，学生要提出申请、通过相关测试与面试，即使考核合格也要受到名额限制等。它需要过三道"门槛"：第一，对学生成绩的限制。第二，各高校对转专业的名额都是有规定的，即使考核合格，也要面临名额的竞争。第三，转专业要得到双方院系的同意，特别是院系和专业之间差异大的专业转起来难度大。

　　刘立早的选择与放弃是为了找到适合自己的专业、职业和人生。

（资料来源：琉莎 . 追梦的代价 [J]. 黄金时代，2003(10):11-12.）

二、我的感悟

刘立早的经历其实对身为高中生的你也一样有很多的借鉴和启发。读了这个故事，或许以下的几个问题能够引发你的一些思考：

1. 你是否对自己的性格、能力、兴趣爱好有所了解？

_____

2. 你是否有自己喜欢的专业，希望过的人生？

_____

3. 为了避免刘立早的故事重演，你是否需要做点什么？

_____

三、活动探索

活动一："我是谁"

请用几分钟时间写出 10 句"我是一个……的人"，要求尽量选择可以体现个人兴趣、性格、能力和价值观的语句，越详细越好。如有困难，你可以寻求同伴的建议或帮助。

我是一个 _____ 的人。

我是一个 _____ 的人。

我是一个 _____ 的人。

我是一个 _____ 的人。

我是一个 _____ 的人。

我是一个 _____ 的人。

我是一个 _____ 的人。

我是一个 _____ 的人。

我是一个 _____ 的人。

我是一个 _____ 的人。

对于现在的我们来说，通往未来的路还有眼前的一道坎——新高考改革。2014 年，浙江和上海的试点拉开了新高考改革的序幕。2018 年秋季，福建省作为第三批新高考改革试点已在征程上。对于新高考改革，我们有哪些认识呢？

（一）考试评价改革

1. 春季高考

春季高考是高职院校招生的主渠道，实行"文化素质 + 职业技能"评价。

2. 夏季高考

夏季高考实行"两依据一参考"，即"统一高考的语数外考试成绩 + 学业水平考试成绩 + 综合素质评价"。

（1）语数外考试：语文重视积累，数学不分文理，外语可考两次，分数各 150 分。

（2）学业水平考试：可分为合格性考试和等级性考试两类，二者对比如表 1–1 所示。

表 1–1　两类学业水平考试对比表

学业水平考试	合格性考试（必考 14 门）	等级性考试（选考限考 3 门）
考试作用	高中毕业和升学的重要依据	根据学生兴趣特长和高校招生要求，选考 3 门
成绩呈现	成绩以"合格、不合格"呈现	卷面成绩经赋分规则折算
考试科目	语数外、历地政、物化生、信息技术、通用技术、体育与健康、音乐和美术	历地政、物化生
考试范围	各科目必修学分要求的内容	各科目必修和选修的内容，在基础知识和基本技能的基础上，注重考核独立思考和运用知识分析问题、解决问题能力
考试方式	语数外 3 门闭卷笔试（分别 90 分钟），外语含听力考试；历地政、物化生和通用技术 7 门闭卷笔试，信息技术上机考试（分别 70 分钟）；物化生和通用技术 4 门另设操作测试（市统一组织，分别 20 分钟）；体音美 3 门技能或素养测试（由校或市、区依省要求测评）	历地政、物化生实行书面闭卷笔试，考试时长均为 90 分钟
考试次数	不合格者可考两次；重考仍不合格者，可在离校后 2 年内继续申请重考	只能在高三年级参加一次。成绩仅限当年有效。若复读，3 门选考可更换
时间安排	高中三个学年进行	统一安排在高三年级 4 月份

福建省选考学考安排如表 1-2 所示。

表 1-2　福建省选考学考安排表

年　级	考试科目	考试类别	考试时间
高一	信息技术	合格性考试	6 月（期末考试）
	音乐、美术（限选 1 门）		
高二	历史、地理、物理、化学、信息技术	合格性考试	1 月（期末考试）
	历史、地理、物理、化学、思想政治、生物、通用技术		6 月（期末考试）
	音乐、美术（限选 1 门）		
高三	语文、数学、外语、思想政治、生物、通用技术	合格性考试	1 月（期末考试）
	语文、数学、外语、体育与健康		4 月
	历史、地理、物理、化学、思想政治、生物（限选 3 门）	等级性考试	4 月

（3）综合素质评价：包括思想品德、学业水平、身心健康、艺术素养、社会实践等五个方面。每学期评价一次，依托省评价系统完成。

那么，大家知道"两依据一参考"具体是指什么吗？

各高校根据自己的特色与定位提出专业选考要求，不分文理科。选考科目的选择将影响到我们将来高考志愿填报的可选范围，那么选考要求有哪些类型呢？

活动二：我的未来学习和工作生活畅想

当我们开始考虑自己要成为什么样的人、从事什么样的职业、过什么样的生活的时候，或许那样的目标会指引我们思考当下的选择。请你回忆或思考自己曾经考虑过的专业和职业是什么。

我曾经考虑过的专业是（如教育学、广告设计、电子信息等）：

我曾经考虑过的职业是（如自由职业者、作家、医生等）：

_____

_____

活动三：这是一个变化的时代

人类变化：南方古猿、能人、直立人、智人（猿人类、原始人类、智人类、现代人类）。

社会进步：远古时代、农耕时代、机械时代、现代化时代（原始社会、农业社会、工业社会、信息社会）。

经济变更：自然经济时期、资本主义市场经济时期、社会主义市场经济时期、知识经济时期。

大国更迭：公元前 4000 年——古埃及、公元前 221 年——秦帝国、公元前 27 年——罗马帝国、18 世纪——大英帝国、20 世纪——美国、21 世纪——这是一个正在变化的世界。

现在新技术信息每 2 年增加 1 倍，意味着四年大学的一年级知识，到大三已经有一半过时了。

《纽约时报》一周的内容，相当于 18 世纪的人一生的资讯量。

2011 年，美国新婚夫妇中 1/8 是通过网络认识的。

10 年前周游世界的是日本人，今天周游世界的是中国人。

家庭主妇做家务的时间比 10 年前减少一半。

2010 年急需的 10 种职业在 2004 年时根本不存在：网店装修师；微博营销师；APP 工程师；碳化合物交易员；人际交流培训师；电子商务服务商；情商管理师；宠物美食师；网络遗产管理员；智能楼宇管理师。

1998 年，中国网购交易额几乎为 0，2011 年中国网购交易额为 1 300 亿美元，接近科威特 2011 年的 GDP（国内生产总值，全称为 Gross Domestic Product）总额 1 313 亿美元。买商品，网购；吃饭，网购；旅游，网购……互联网已逐渐成为每个家庭、每个人的必需。

收音机用了 38 年达到 5 000 万用户；电视机用了 13 年达到 5 000 万用户；互联网用了 4 年达到 5 000 万用户；iPod 用了 3 年达到 5 000 万用户；Facebook 用了 2 年达到 5 000 万用户；新浪微博不到一年达到 5 000 万用户。

2000 年《财富》全球 10 强企业，2010 年有 7 家换了新面貌：

1. 通用汽车——沃尔玛

2. 沃尔玛——皇家壳牌石油（荷兰）

3. 埃克森美孚——埃克森美孚

4. 福特汽车——英国石油公司

5. 克莱斯勒公司（德国奔驰）——丰田

6. 三井化工——日本邮政控股

7. 三菱商事——中石化

8. 丰田——中国国家电网

9. 通用电气公司——安盛集团

10. 伊藤忠商事——中石油

2012 年苹果公司市值超过 5 000 亿美元，成为世界最有价值的品牌。

2012 年柯达公司申请破产保护，从 310 亿美元到 1.45 亿美元，15 年市值蒸发了 99%；纸本走入历史，大英百科全书 2012 年 12 月 24 日宣布不再出纸质版；淘宝网 2013 年"光棍节"交易额突破 350 亿元。这一切昭示胶片帝国、纸质传媒、传统营销已逐渐被时代淘汰。

这将是一个迅猛变化的世界：

2013 智能眼镜拍照、看视频、上网冲浪

2015 无人驾驶汽车走进日常生活

2017 云计算，覆盖百姓生活

2025 基因技术成为常规医疗手段

2028 一半以上工作岗位将被智能机器人取代

2030 人类将登陆火星

……

（资料来源：焦建全 . 新谷歌能否冲击万亿市值 [J]. 商业观察，2016(3):62–65.）

看了上面的数据和内容，你觉得我们的未来生活将受到哪些因素的影响？它们是如何影响我们的？未来工作要考虑什么？

_____

_____

_____

_____

📖 四、生涯知识

（一）什么是生涯规划

生涯规划就是在对自身职业生涯的主客观条件进行测定、分析、总结的基础上，对自己的兴趣、爱好、能力、特点进行综合分析与权衡，结合时代特点，根据自己的职业倾向，确定最佳的职业奋斗目标，并为实现这一目标做出行之有效的安排。

在高中阶段，高中生主要生涯规划任务在于自我探索、了解外界、职业定向、高校选择，这些任务的最终目的在于为高中生的未来发展指明方向。

（二）生涯发展简史

在 100 年前工业化初期的美国，就业人口众多，人们都希望找到一份工作以获得收入。在此背景下，弗兰克·帕森斯于 1908 年提出生涯指导的第一个理论——特质因素论。

"二战"之后，科技和高等教育的迅猛发展使大量新职业不断涌现。人们不再只看职业收入，还有由此带来的社会地位和权力等。随着舒伯的生涯发展论和霍兰德的职业类型理论的提出，生涯理论发展进入了新的阶段。

随着互联网的发展和全球化，职业环境越发复杂和开放。科伦波茨于 1996 年提出善用机缘论。他强调善用机缘拥抱变化是职业发展的重要技能。而当今，人们更加关注自己的内在。萨维卡斯提出了生涯建构论。他强调重视自己的主观感受，重视自己的体验；我们可以把过去的记忆、现在的经验和未来的期望，编制成一个描述人生主题的模式，然后给它赋予人生的意义。

每一个生涯理论都是在当时背景下产生的。对于我们来说，我们需要在当下的时代中思考：我们的生命存在着什么可能？

✦ 五、生涯拓展

（一）生涯金三角

美国伊利诺伊大学教授斯温（Swain）博士针对生涯规划，提出著名的金三角图形（图1–1），生涯金三角考虑了自我认识、专业与职业探索及个人与环境的联结三个方面。自我认识要考虑能力、兴趣、性向、价值观及健康状况等，在专业与职业探索方面要考虑产业发展趋势及职业类别，个人与环境的联结要考虑家庭经济、家人期望、地缘关系、同侪团体和社会潮流等方面。

图1–1　生涯金三角

在自我认识方面，若对自己的价值观和性向不清楚，可以参与各种不同类型的讲座或活动，以探索自己的兴趣，或寻求朋友或长辈的反馈；在专业与职业探索方面，建议多浏览产业及财经方面的媒体，广泛涉猎经济方面的知识，也可以登录政府所属的一些研究机构网站与数据库，让自己随时掌握财经变化与未来趋势；而针对个人与环境联结方面，平时应与家人多沟通，他人的期望可以是职业发展上的助力，也可能是阻力，因此充分沟通，免除不必要的冲突，让职业生涯发展更顺畅。

（二）让你看清楚"生涯规划"到底是做什么的

在生活和工作中，我经常会被问道：生涯规划是什么？学习生涯规划有什么用呢？

每次说了那些高大上的理论和定义之后，一些人觉得说了和没说一样，另一些人觉得说了后更不明白了。

我们观察到学习生涯前后，一些人发生了比较有意思的小变化，比如：学之前看到人的特点，会问：你是什么星座？学之后会问：霍兰德代码是什么？学之前有情绪不愉快的时候，会说：你要忍耐！学之后会说：你要接纳！

看到这里，可能你又说：这有什么用？

那么我想用图1-2、图1-3告诉你学习前后，自己和身边人真正的改变，用它去回答你的两个问题。

（a）

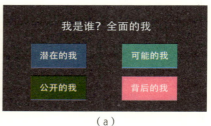

（a）

被需求驱使，容易掉入欲望陷阱

（b）

被梦想激励，容易用心为自己努力

（b）

你问我多不开心？
三条黑线代表我的心！

我！工作！不开心！

（c）

你问我工作多烦心？
生涯三叶草调节我的心！

不开心的我：是厌倦？焦虑？失落？

（c）

一、单选题：你想要的是

○ A、工作

○ B、生活

我要工作还是生活？要取舍！

（d）

一、多选题：你想要的是

□ A、工作

□ B、生活

我要工作也要生活，要平衡！

（d）

图1-2

图1-3

我的梦想现在实现不了，放弃吧……

（e）

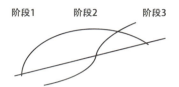

我的理想，现在实现不了，可以分阶段！

（e）

我的兴趣就是吃，成为不了职业……

（f）

兴趣，也可以成为职业，看你的层级！

（f）

好女儿　　　　好妻子
好儿媳　　好公民　　好学生
　　　　　　　　　　好领导
好妈妈　　　　好闺蜜
　　好员工

人生如戏，全靠演技！
这么多角色，演不过来啊？！

（g）

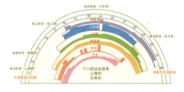

每个阶段可以活出不同角色的精彩！

（g）

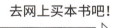

我要提高我的能力，然后……

（h）

学习之前

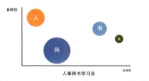

原来可以通过人、事、网、书学习！

（h）

学习之后

升职加薪！
当上总经理！
出任CEO！迎娶白富美！
走向人生巅峰！

这就是我努力工作的全部吗?

（i）

万万没想到!

原来我要拆掉思维的墙，还有很多可能!

（i）

我要避短，去补自己不擅长的!

（j）

图 1-2

我要扬长，发挥自己的优势!

（j）

图 1-3

第二章
自我探索

第 1 节　客观的我

 一、生涯人物故事

 庄哲明——潜心笃行，业广惟勤

庄哲明，同安一中 2015 届学生，现就读于天津大学机械工程学院。

广泛尝试，创造无限可能

在被问及初入大学时是如何规划自己的大学生活的，庄哲明说，在学习和生活中，他会广泛地尝试各种事情。虽然在这些尝试中也失败过很多次，但他收获更多。"我们暂时不能明确自己要做的事情，但在有限的大学生活里，我们一定可以创造无限可能。"

求真务实，于创新与实践中前行

当被问及他对未来的规划时，他说："我经过仔细考虑之后参加了咱们学校的干部保研选拔，所以我的近期规划是很明朗的，我会在天大工作和读研。从今年开始，我接下来的五年都会在天大度过……"

他也向我们聊起自己的心路历程：从大一加入科创协就开始思索自己到底要做怎样的学生骨干，要成为什么样的科创协人。他觉得我们这一代人享有更多的资源、更多的机会，但是我们往往不能很好地把握机遇。所以他希望从自身做起，以点带面，带动更多的人，和同学们一起创造更美好的未来。

提高效率，于学习与竞赛中成长

庄哲明曾经 12 次代表天津大学站在国家级科技创新竞赛赛场，拿过 28 项省部级以上的奖项，但他的学习成绩并没有落下。"我们都是学生，学生的第一要义就是学习。从大一开始，就要有一个长远的规划，要有危机意识，因为到大三的时候，大家都希望能够保研深造，所有人都在拼，那时候再开始就晚了。"

追求卓越，创造美好未来

当被问及如何在学习和工作中保持专注时，他讲道："我们出去是要成为卓越的工程师。自己要有一种意识，要不断向卓越靠拢，这样我们才能创造更美好的未来。至于是否能专注工作，问题还是在于自身有没有把这些事情想明白。"

为了更加充分地了解庄哲明，我们采访了他所在社团的指导老师、社团成员和他指导参加比赛的学弟。

统筹兼顾，未来可期——郑喆老师（天津大学学生科技创新创业协会指导老师）

他是一个非常勤奋的科研工作者。因为每次我跟他沟通的时候，他嘴边都会带着他的项目，带着他目前所在进行的科技工作，所以说他已经把科研融入日常生活中，他是一个真正热爱科研的人。

他也是一个传播科技知识的科普人。因为他现在还在指导学弟、学妹做项目，其实像他一样一直在指导学弟、学妹的大四或者高年级同学并不多。这说明庄哲明真的是因为热爱，所以投入了很多的时间和精力在这方面，这也是很难得的。

他同时是一个非常优秀的学生干部。做科研做得好的人，做学生工作不一定做得很好。但他一个人可以带动身边一群人。

科研前辈，指引道路——许云深（天津大学学生科技创新创业协会科技普及部主席）

我的科研竞赛之路就是在庄哲明学长的带领下开始的，他带我开启了竞赛的大门，并在过程中不断地引导我。我从他身上学到了很多。为了把完美的作品展示给大家，他做了能做的一切。很多细节，庄哲明学长都会考虑到，他特别细心周到。

朴实亲切，关心他人——李佳旋（第四届全国移动互联创新大赛高校组一等奖获得者）

大一的时候就听说庄哲明学长经常参与校科创协的活动，但是真正认识还是在大二开学的时候。在我与学长的接触中，学长更像一位大哥哥，他会关心我的学习生活，教会了我很多。印象最深的就是创新创业竞赛方面他给了我很多帮助，另外学长知道我参加的社团活动比较多，事情比较忙，也会经常询问我的学习情况，并且与我分享他自己的亲身经历，希望我能够吸取教训平衡好学业与实践活动。我眼中的庄哲明学长是一位十分亲切、关心他人的学长。

（资料来源：庄哲明，张倍庆，孙乙尧，等.装配式绿色建筑创新设计与研究 [J]. 中国新技术新产品，2018(4):103-104.）

二、我的感悟

同学们，校友庄哲明是怎样不断认识自己的呢？

_____

_____

校友庄哲明正确地认识了自己，会对他的成长产生怎样的积极影响？

_____

_____

三、活动探索

活动一：多个角度评价自我

正确看待自我很重要。过高地评估自己容易导致自满，过低地评估自己容易导致自卑，都不利于自我的成长。我们只有正确认识自己，才能生活得更加自由、健康和快乐。现在，我们也从另一个角度看待自我。活动要求如下：

1. 请同学将自己的主要特征及优缺点写在纸上。
2. 写好后放在收集箱里。
3. 请一名同学随机抽取纸条并读出纸上的内容，其他同学猜猜这个人是谁。
4. 猜中的同学说出猜他的理由，没猜中的同学也说说理由。

我的最主要特征	我的优缺点
	我是：_____

活动二：全面了解自我

1. 完成以下表格。

活动要求：请完成"我眼中的自己"活动（表 2–1）。

表 2–1　我眼中的自己

项　目	我眼中的自己	别人眼中的我 1	别人眼中的我 2	别人眼中的我 3
身高				
相貌				
人缘				
爱好				
能力				
性格				
优点				
缺点				

2. 将以上表格的内容整理、归纳并填入表格 2–2。

表 2–2　周哈里窗

	自己知道	自己不知道
他人知道	开放我（Open）：	盲目我（Blind）：
他人不知道	隐藏我（Hidden）：	未知我（Unknown）：

3. 表格中的哪一项内容让你感到惊讶？

_____

_____

4.有没有同学给你写的评价和你对自己的认识不同？对此你的感受是什么？

_____

_____

📖 四、生涯知识

周哈里窗

心理学家鲁夫特（Jo Lut）与英格汉（Hary Ingham）提出"周哈里窗"模式帮助人们更好地认识自己。"周哈里窗"是从自己是否知道和别人是否知道两个维度、四个部分协助人们进行自我认识的。这四个部分是：开放我（Open）、盲目我（Blind）、隐藏我（Hidden）和未知我（Unknown）（图2-1）。

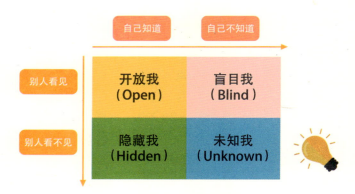

图 2-1　周哈里窗

开放我：自己知道而别人也知道的部分。比如，我们的外貌等属于公开的信息。

盲目我：自己不知道而别人知道的部分。比如，我们个人平常不自觉或无意识表现出来的言行举止，诸如口头禅、小动作、特定的做事方法等，除非别人告诉我们才能注意到的部分。

隐藏我：自己知道而别人不知道的部分。比如我们的秘密、童年往事、身体上的隐疾等。

未知我：自己不知道而别人也不知道的部分。通常是指尚待开发的能力等。

"周哈里窗"把自我认识划分为四个部分，其意义在于透过自我省察、自我坦诚、他人回馈等方式，使"开放我"越来越大，而其他三部分越来越小。

五、生涯拓展

认识自我

认识自我指对自己各个方面的了解和认识。它包括生理与心理方面。生理方面的例如视力水平、身高、反应速度等，这些方面影响我们可能报考的专业和从事的职业；心理方面的例如兴趣和价值观可能会影响我们从事某项活动的动力水平，能力影响我们从事某项活动的胜任力和成就水平等。认识自我对我们的生涯规划起到很重要的作用。

那么如何认识自我？

1. 倾听别人的评价

通过他人认识自我是最基本的方式。周围的人，尤其是亲近的人对我们的态度与评价，能够有效地帮助我们认识自我。这些人可以是父母、老师或好友等。所以在日常生活中，我们需要认真对待别人对自己的评价——既要看到自己的长处也要看到自己的短处，求证和辨别可以改进的不足。

2. 在比较中认识自己

所有的自我认识都是在与他人的比较中得到的。但在比较中，不要过于苛求自己，因为每个人都有自己的优势和不足。"梅须逊雪三分白，雪却输梅一段香"，金无足赤，人无完人，我们既要看到自身的优点，不要妄自菲薄；又要看到自己的不足，不要盲目乐观。

3. 在实践中认识自己

所有的自我认识只有在不断的实践表现中才容易发现。我们需要经常参与实践活动，在实践活动中发现自己的特点，在与别人的比较中自我反省。

第2节 人生曲线

 一、生涯人物故事

人物1：2017级小楠学长在高中的第一次月考和第一次期中考试中成绩优异，名列前茅。被同学问到学习心得时，他讲了一个故事：小学四年级一次成绩不及格，被老师说是"差生"，自尊心受到很大的伤害。不服输的性子告诉自己，下次一定要考好，要认真，要证明我不是"差生"。接下来认真听课、写作业、复习，果然取得进步。从这件事开始我想，重视的东西需要自己努力才能获得。现在回首，如果遇到当年的那个老师，我能坦然面对他，甚至可能还会和他说声"谢谢"。

人物2：2015级的暖暖学姐是一个性格温和、人缘很好的人。在班级总是能看到她温暖的微笑，看她热心帮助别人，和她在一起的感觉如同她的名字一样温暖。在一次"谁是最受欢迎的人"的班级活动中，暖暖得票最高。然而，曾经她是一个因为自己身材胖而非常自卑的人，也曾经因为胖胖的身材被同学嘲笑、欺负。她努力地减肥，但是效果很差。尽管胖胖的身材很难改变，但胖女孩就没人喜欢吗？很幸运在她14岁遇到生命中非常重要的好友薇梓，薇梓喜欢她微笑的样子，欣赏她细腻的感情品质，喜欢她的热情与主动……薇梓的出现让她觉得自己除了胖胖的肉以外还有许多惹人喜爱的地方，她也有了更大的勇气，努力变成今天这样大家喜欢的人。

我们现在的样子是过去一件件事、一个个人影响和塑造而成的，今天我们用什么样的态度对人对事，深受过去经历经验的影响，而我们今天所有的行为与感受又会影响明天的自己。回顾过去的生命历程，了解昨日之我是如何成为今日之我；思考现在，思考未来并对未来进行规划，将故事发展成为一段"可以一生持续朝着目标撰写下去"的生命旅程。从生命的深度看，凡是走过必留下痕迹，过去经历的种种苦难与挫折，也将成为日后滋养个人茁长成长的沃土。

二、我的感悟

在你成长过程中也一定有印象深刻的事、重要的人，在下面横线上写出一件事或一个人物，说明对你产生了怎样的影响。

_____

_____

_____

三、活动探索

活动一：初识曲线

人生曲线是一个很简洁的工具，能够帮助我们快速地了解曾经发生的事情及其情绪状态。人生曲线图可以清晰地展现过往的重要事件对你产生的影响。曲线图中横坐标是年龄，纵坐标是事件发生时的情绪状态。将你经历过的重要事件及对你有着重要影响的事件或人物标记在对应的坐标点上。（图2-3）

我们以乔布斯的一生来给大家做个生命曲线图（图2-2）的示范：

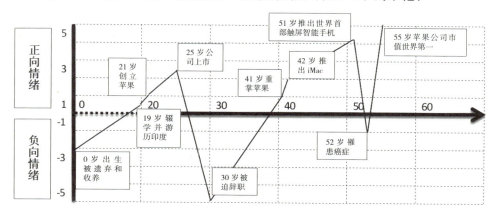

图2-2　乔布斯生命曲线图

现在请画出你自己的生命曲线图吧！

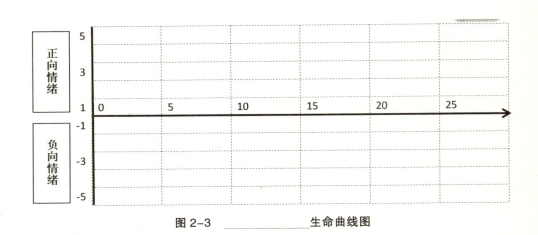

图 2-3 _____生命曲线图

活动二：事件透析

1. 在所列的事件中，挑选出对你影响最大的那件事，它产生了怎样的影响？

_____

_____

2. 完成事件透析报告单（表 2-3）。

表 2-3　事件透析报告单

事　件	当时情绪	此刻情绪	产生影响及原因
1			
2			
3			
4			

3. 对你产生影响的是积极情绪事件还是消极情绪事件？

_____

_____

如果是积极情绪事件，你是如何促使它产生的？

_____

_____

你是如何处理消极情绪事件的？你从中学到了什么？

_____

_____

_____

4.访问你生活中重要的人，跟他谈一谈对他有重要影响的人或事，了解他的生命故事。

_____

_____

_____

_____

📖 四、生涯知识

事件解释风格

　　心理学家马丁·塞利格曼（Martin Seligman）发现，事件发生后，我们如何解释事件对我们能否走出困境成为一个乐观的人至关重要。这里有三个消极的解释风格，简称"三个P"：个人化（Personalization）、普遍性（Pervasiveness）和持久性（Permanence）。个人化：总以为是自己做错了什么才导致不幸的发生；普遍性：以为某一件事会影响到你生活的全部；永久性：以为悲伤会永远持续下去。与之对应积极的解释风格是问题外化：这不是我的错，是因为……才发生这样的事；特异性：只是这件事不好，其他的事情还很棒；暂时性：这事是暂时的，将来会有变化的。它们之间的对应关系为：个人化——问题外化；普遍性——特异性；永久性——暂时性。

　　运用消极解释风格解释生活中的事件，尤其是挫折事件，容易让人产生退缩、逃避、不自信等无力感状态。积极解释风格让人在事件中获取解决问题的勇气，锻炼解决问题的能力，在挫折事件中获取成长的动力性因素。

　　从人生曲线中可以发现"此刻的我"是由过去经历所塑造的。无论是积极体验还是消极体验，带给我们成长的不仅仅是事件本身，更重要的是我们如何解释发生在我们身上的事，尤其是那些消极事件。明天的你也会受到今天的你的影响，过去、现在、未来是连贯的，从过去汲取营养滋润当下，希望各位同学能将这节课学习到的乐观解释风格应用到生活中，塑造积极的形象，遇到未来更好的自己！

✦ 五、生涯拓展

乔布斯的一生

乔布斯 1955 年刚出世就被亲生父母抛弃，后被一对夫妻收留。他后来在里德学院学习一年便中途辍学了。但那段旁听书法课的经历对他后来产品艺术美感的追求产生极大的影响。之后他到印度旅行并对佛教产生了兴趣。

回国后，他和朋友于 1976 年创立了苹果公司。公司于 1980 年上市，这同时使他变得锋芒毕露。

1985 年，因与苹果 CEO 产生分歧，乔布斯从苹果公司辞职。这让他"整个成年生活的重心没了"。但随后几年，乔布斯做了三件有助于他回归苹果的事情。

首先是成立皮克斯动画工作室。该工作室制作出了大获成功的动画电影《玩具总动员》，并开创了计算机动画电影的标准。其次是面向对象的软件开发。他的公司 NEXT 选择了走软件操作系统的发展模式，且产品比苹果的更先进、更灵活。最后是成家并和他的高中女友达成和解。

乔布斯在 1996 年重返苹果并于 1997 年掌权。他的归来给苹果带来了蓬勃生机，并于 1998 年推出了 iMac。2007 年，苹果推出的 iPhone 开创了智能手机的新时代。也许是因为从 2004 年与罕见的胰腺癌斗争消耗了他太多精力，乔布斯在 2008 年病倒前性格变得温和了一些。后来的苹果成为消费电子领域的大鳄，创造了 iPod、iTunes 和 iPad 等产品。2011 年，苹果成为世界上最有价值的上市公司。乔布斯用自己的方式、想法和信念，对他的员工和他们的产品产生了不可磨灭的影响。

在斯坦福大学毕业典礼上关于"如何串联生命中的点滴"的演讲可以看出他对人生的看法。回顾自己的一生，乔布斯说：你们同样不可能从现在这个点上看到将来；只有回头看时，才会发现它们之间的关系。所以你必须相信，那些点点滴滴会在你未来的生命里，以某种方式串联起来。你必须相信一些东西——你的勇气、宿命、生活、因缘，随便什么——因为这些点滴一路连接会给你带来循从本觉的自信，它使你远离平凡，变得与众不同。同学们，乔布斯的故事给你带来了什么感悟呢？请把感悟到的只言片语写下来吧。

（资料来源：孙伟.一路走好！巨人乔布斯传奇一生简介 [EB/OL].（2011-10-06）http://news.201.com.cn/252/2522641.html 有删改）

1. 书目推荐：马丁·塞利格曼《活出乐观的自己》。

第 3 节　40 岁的我

 一、生涯人物故事

 董卿——40 岁才是女人最美的年纪

不知不觉，人到中年。

我才知道，女人的 40 岁，要么沉沦，要么惊艳。

岁月静好不再属于我，我必须面对社会和家庭的重任，期间甚至经历过失落与伤痛。早年的因，在岁月中也结出了果，生活长成了自己的模样。40 岁，该有的成长和积淀决定了我们的心智，心智成熟的指数决定了我们生活的质量。

很多朋友年轻时，从不想着努力，追崇安逸，喜欢自由，放弃责任。随着年龄的增长，他们越努力越失败，越失败越恐慌。

反观生活中的另一群同龄人，他们也许长相普通，家境一般，却总是最努力的那个。有个女人，曾经主持节目，收视惨败；曾经只身一人在北京漂泊，甚至除夕只能孤独地在出租房度过。可是，无论顺境还是逆境，她都在竭力成长，努力绽放。她，就是董卿。

董卿，36 岁时取得 MFA 艺术硕士学位，44 岁时受聘华东师范大学兼职教授。经历过努力打拼的董卿也经得起大红大紫。大气、稳健、诚恳、率真，真性情中附带着掩饰不住的美丽。

无论贫贱还是富有，无论美丽还是丑陋，20 岁时不拼命，40 岁时拼的就是命。30 岁时不上进，哪儿来的 40 岁时的安逸自得。要想惊艳，就不能任由自己随波逐流。容颜并不能永驻，我们只能洗刷灵魂。只有优雅的灵魂才能支撑起皱纹里的沧桑。

我到 40 岁之后，才更深刻地明白成长的含义。

我想给孩子优质的生活，特别是精神营养，做孩子的精神导师。

我想给老人快乐的晚年，回报父母一直以来的关爱与付出。

我想给老公惊艳的爱情，就算不再年轻，也值得你一生爱我。

（资料来源：家长阅读 . 董卿——四十岁才是女人最美的年纪 [EB/OL].（2017-10-03）http://m.sohu.com/a/196091844_239282，有删改）

二、我的感悟

年过四十，重新审视自己的人生，或许我们会有不一样的体会。

同学们，读了这篇文章，你想过自己的 40 岁是什么样子吗？当年过 40 的自己回望过往又会有什么样的感悟呢？

_____

_____

_____

三、活动探索

活动一：生涯幻游

现在，请你把你在《生涯幻游》过程中所体验或看到的写在纸上！

1. 我穿的衣服样式是_____

2. 和我一起吃早餐的人是_____

3. 我住的房子是_____

4. 我乘的交通工具是_____

5. 我的工作环境是_____

6. 同事们称呼我是_____

7. 我上午的工作内容是_____

8. 和我一起吃中餐的人是_____

9. 我下午的工作内容是_____

10. 我下班的活动是_____

11. 和我一起吃晚餐的人是_____

12. 我晚餐后的活动是_____

13. 对于一天的工作与生活，我的感觉是_____

14. 那时候的你，给现在的自己的忠告是_____

15. 当你准备好以后，慢慢地睁开眼睛，并静静地坐一会儿。想一想关于这一次的生涯幻游，你的心得是_____

活动二：我的 40 岁

1. 请根据生涯幻游过程中的所思所想，重新思考：40 岁的你，想要成为什么样子，你会过着一种什么样的生活。试着描绘那时的你吧！你要规划的内容有以下几项。

（1）学业：大学生活、毕业时间、学历

_____

_____

（2）婚姻：交往对象、结婚仪式、生育情况

_____

_____

（3）事业：行业、职位、得意之作

_____

_____

（4）重大事件：经济状况、住房条件

_____

_____

_____

2. 为自己的规划打分。

一般而言，规划的目标越具体、可控性越强越容易实现。我们从 6 个维度衡量规划制定的优劣。这 6 个维度分别是具体性、长远性、重要性、现实性、乐观性、内控性。其中内控性代表规划的落实拥有可控感。

为方便同学们理解，我们以小 A 和周迅的人生规划为例：

小 A 的人生规划——几年之后成为大明星

周迅的人生规划——

当我定下十年后的目标后，我从艺校毕业有一句话一直刻在了我的心底：想想十年后的自己。是的，当我意识到这是一个问题的时候，我发现我整个人都觉醒了。28 岁的自己成为最好的女演员，同时可以发行一张属于自己的音乐专辑；27 岁的时候，除了接拍各名导演的戏以外，一定还要有一个完整的音乐作品，可以拿给很多唱片公司听；25 岁的时候，在演艺事业上你就要不断进行学习和思考。另外在音乐方面一定要有很棒的作品开始录音了；23 岁就必须接受各种培训和训练，包括音乐和肢体上的；20 岁的时候就要开始作曲、作词。在演戏方面就要接

拍大一点的角色了……（内容摘自周迅的《想想十年后的自己》）

相较于周迅文中的描述，小 A "一句话" 的人生规划很显然有很多需要改进的地方：目标不具体，缺乏阶段性行动和目标，规划对自己目标并没有重要的意义或影响，缺乏对自身条件的考虑和现实环境的考量，没有紧迫感，也没有找到可控部分的分析和行动计划。

看过了示例，现在请根据自己规划设计的情况（表 2-4），给自己打个分吧！

表 2-4　人生规划计分表

	具体性	长远性	重要性	现实性	乐观性	内控性
学业						
婚姻						
事业						
重大事件						
其他						

四、生涯知识

埃里克森人格发展八阶段理论

埃里克森（E. H. Erikson，1902）是美国著名精神病医师，新精神分析派的代表人物。他认为，人的自我意识发展持续一生，他把自我意识的形成和发展过程划分为 8 个阶段，这 8 个阶段的顺序是由遗传决定的，但是每一阶段能否顺利度过却是由环境决定的，所以这个理论可称为 "心理社会" 阶段理论。每一个阶段都是不可忽视的。

埃里克森的人格终生发展论告诉每个人你为什么会成为现在这个样子，你的心理品质哪些是积极的，哪些是消极的，多在哪个年龄段形成的，给你以反思的依据。

（1）婴儿期（0～1.5岁）：基本信任和不信任的冲突。这期间当孩子出现生理需要时，父母是否及时出现并满足其需求是能否建立信任感的重要问题。信任在人格中形成了 "希望" 的品质，它起着增强自我的力量。具有信任感的儿童敢于希望，富于理想，具有强烈的未来定向。

（2）儿童期（1.5～3岁）：自主与害羞、怀疑的冲突。这一时期，儿童掌握了大量的生活技能。他们学会了怎样坚持或放弃。这时候父母与子女的冲突很激烈，也就是第一个反抗期的出现。一方面，父母必须帮助儿童养成符合社会要求的良好习惯；另一方面，儿童开始具备自主感，他们坚持用自己的方式行事。如果父母的教育过分严厉，会妨害儿童自主感和自我控制能力的建立，但若父母对儿童的保护或惩罚不当，儿童就会产生怀疑，并感到害羞。只有把握住"度"的问题，才能在儿童人格内部形成意志品质。

（3）学龄初期（3～5岁）：主动对内疚的冲突。在这一时期，如果幼儿表现出的主动探究行为受到鼓励，幼儿就会形成主动性，这为他将来成为一个有责任感、有创造力的人奠定了基础。如果成人讥笑幼儿的独创行为和想象力，那么幼儿就会逐渐失去自信心，这使幼儿倾向于生活在别人为他们安排好的狭窄圈子里，缺乏自己开创幸福生活的主动性。当儿童的主动感超过内疚感时，他们就有了"目的"的概念。

婴儿期、儿童期和学龄初期的我们都在扮演着休闲者的角色，但我们也在为下一个学生角色做好铺垫。和休闲者角色一样，学生角色在倡导终身学习理念的今天可能会伴随我们一生。

（4）学龄期（6～12岁），勤奋对自卑的冲突。这一阶段的儿童都应在学校接受教育。如果他们能顺利地完成学习课程，就会获得勤奋感，这使他们在今后的独立生活和承担工作任务中充满信心。反之，就会产生自卑感。当儿童的勤奋感大于自卑感时，他们就会获得勤奋上进的品质。

（5）青春期（12～18岁）：自我同一性和角色混乱的冲突。一方面，青少年本能冲动的高涨会带来问题；另一方面，青少年面临新的社会要求和社会冲突而感到困扰和混乱。所以，青少年期的主要任务是建立一个新的同一感或自己在别人眼中的形象以及在社会集体中所占的情感位置。这一阶段的危机是角色混乱。

如果这种自我感觉与一个人在他人心目中的感觉相称，很明显这将为一个人的生涯增添绚丽的色彩，并随着自我同一性形成"忠诚"的品质。

学龄期和青春期中的我们不仅扮演着子女的角色，也扮演着学生的角色。这个时期的我们在为工作者角色储备知识、技能等做必要的准备。

（6）成年早期（18～25岁）：亲密对孤独的冲突。只有具有牢固的自我同一性的青年人才敢于冒风险，与他人发生亲密关系。因为与他人发生爱的关系，就是把自己的同一性与他人的同一性融为一体。这里有自我牺牲或损失，如此才能在恋爱中建立真正亲密无间的关系，从而获得亲密感，否则将产生孤独感。

与他人建立亲密的关系，特别是异性之间的亲密关系，是这个时期很重要的开端。我们将开始为自己的人生增加另一种角色——恋人或持家者。这个角色伴随我们度过后半生。与此相伴而生的是社会公民和工作者的角色。

（7）成年期（25～65岁）：生育对自我专注的冲突。若一个人顺利地度过了自我同一性时期而过上幸福充实的生活，他将可能生儿育女，关心后代的养育。埃里克森认为，一个人只要能关心、教育、指导孩子也可以具有生育感。反之没有生育感的人，就会自我关注，只考虑自己的需要和利益。在这一时期，人们将获得关心和创造力的品质。

在这一阶段，人们不仅要生育孩子，还要承担社会工作。这时，我们的生涯角色多了另一个角色——父母与持家者。

（8）成熟期（65岁以上）：自我调整与绝望期的冲突。衰老过程中老人的体力、心态和健康每况愈下，他们回顾过去时，可能怀着充实的感情，也可能怀着绝望。对此，他们必须做出相应的调整和适应。如果一个人的自我调整大于绝望，他将获得智慧的品质。这个时期，随着一些生涯任务的完成，我们身上的角色渐渐减少或发生转变。

（资料来源：大蓬蓬 .《心理发展》埃克里森人格发展八阶段理论 [EB/OL].（2018-09-13）http://www.douban.com/group/topic/124146387/）

 **五、生涯拓展**

关键40岁

作者：川北义则 彭南仪译
ISBN：9789862410561
出版社：天下杂志
出版时间：2009年9月
内容简介：

人称四十岁为不惑之年。人在四十几岁时会面临人生最重要的十字路口，因为这十年，你所选择的生活方式会决定你人生的结果：一种是让自己开始加速地茁壮成长，变成一个"真正的大人"；另一种是成长就此打住，人生不再进步。不论如何忙碌，找出时间投资在自己身上，才是壮年时期最重要的。

男性年到四十，步入中年，如果没有身为"大人"的自觉，五十岁和六十岁的人生将是空虚怅然的。换言之，四十几岁是作为大人的成熟期，经过该阶段，五十岁和六十岁才是大人的丰收期。

何谓真正的大人呢？能够不勉强也不虚度，善于累积经验，以此生活方式过日子的人，才称得上是真正的大人。有人会说，有足够智慧和财富的人才是大人。确实没错，拥有足够的智慧和财富，一定可以成为别人坚实的依靠。

作者简介

川北义则，1935 年生于大阪。1958 年，于庆应义塾大学经济学部毕业后，进入东京体育新闻报社，历任文化部部长、出版部部长。1977 年离职，成立日本创造社，目前为出版企划、生活经济评论家，并发表文章于报纸、杂志等，也在各地进行演讲，深获好评。

主要的著作有《人生，发现其乐趣的方法》《你的时间应该要过得更从容自在》《现在不被看好，但总有一天会成功的》（PHP 文库出版）、《永远保持逆向思考》《最重要的生活态度》（PHP 研究所出版）、《人口递减的时代·热卖商品·滞销商品》（钻石社出版）等。

第 4 节 生涯彩虹图

 一、生涯人物故事

崔琦的眼泪

崔琦，美籍华人，1998 年获诺贝尔物理学奖。杨澜曾讲过一段关于他的采访故事。

崔琦出生在河南宝丰县，每天帮助父亲做农活、养猪、放羊，直到10 岁才第一次出了自己的村子。12 岁的时候，他的姐姐介绍他到香港的教会学校读书。他的父亲是不识字的农民，觉得儿子已经到了帮着干农活的时候，不愿意放他走。但他的母亲对儿子有更高的期待，坚持要把儿子送出去念书。小崔琦舍不得离开家。母亲安慰他说，下次麦收的时候你就可以回来了。这样小崔琦就跟着亲戚远走他乡。但他没有想到的是，他再也没有机会回到自己的家乡，而他的父母也在 50 年代末的大饥荒中活活饿死了。

杨澜问崔琦："有没有想过，如果当年母亲没有坚持把你送出来读书，今天的崔琦将会怎样？"杨澜期待的回答是，知识改变命运等。但是，崔琦却说："其实我宁愿是一个不识字的农民。如果我还留在农村，留在父母身边，家里有一个儿子毕竟不一样，也许他们不至于饿死吧。"这句话给杨澜的心灵带来了巨大的震撼。

诺贝尔奖也好，科学的成就也好，社会的承认也好，都不足以弥补他的失去和永远的心痛。

（资料来源：李红 . 崔琦的眼泪 [J]. 山西老年 , 1999 (11)：45.）

二、我的感悟

人的一生需要扮演很多种角色。同学们，科学家崔琦在什么事情上最懊悔？

_____

_____

假如可以重新选择，科学家崔琦愿意在哪种角色上重新来过？他的人生经历对你有什么感悟，请写下来吧。

_____

_____

三、活动探索

活动一：生活饼状图

我们的生活被很多林林总总的事情牵绊着。这些事情有休闲娱乐、学习提升、亲密关系、工作事业、家庭责任、公民义务等。现在请大家按照以下要求填充生活饼状图。

（1）列举占据我们生活时间和精力的各种事情类别（可以自由补充或修改）。

_____

（2）请思考在这些事情类别中哪些事情分别占据我们生活多少的时间和精力。

_____

（3）请根据示例图（图 2-4）把饼状图等分，以圆心为起始点，以面积为比例完成图 2-5 扇形图。

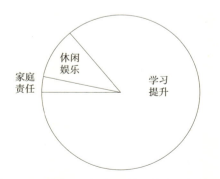

图 2-4　示例：一位高三学子的生活饼状图

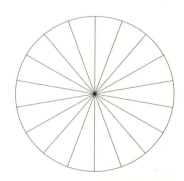

图 2-5　当下我的生活饼状图

（4）现在请为少年时期、青年时期、中年时期和老年时期等几个人生阶段，按照你的理解画好不同人生阶段的饼状图（图2-6）。

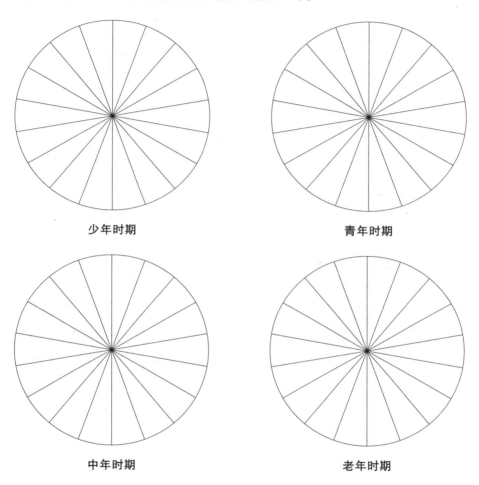

图 2-6　不同人生阶段的饼状图

活动二：绘制你的生涯彩虹图

（1）为自己的人生角色做出选择，名称可因人而异。

我选择的角色有 _____

（2）请为不同的角色选择颜色，可以是单一颜色，也可以是多种颜色。

（3）某一角色的颜色愈深，表示这个角色你投入愈多。

（4）每个角色的年龄，可依你的状况决定。例如，你喜欢学习新事物，学生的角色是 7 ～ 75 岁。从 17 岁开始打工，工作者的角色就从 17 岁开始。

（5）每个角色在不同年龄的意义与重要性不同。例如，一个工作者角色最重要的年龄是 25 ～ 35 岁，之后要照顾小孩，重心转为家长角色，这时家长的角色就要最深。

生涯彩虹图如图 2-7 所示。

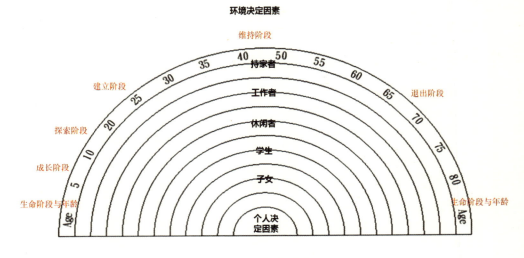

图 2-7　生涯彩虹图

活动三：彩虹图感悟

（1）在这几项角色中，你最喜欢哪一个？ _____ 最不喜欢哪一个

_____

为什么？ _____

（2）你认为你能扮演最称职的角色是哪一个？为什么？

_____

（3）心得：

_____

_____

每个人都会塑造出个人独特的生涯模式，不同的角色会交互影响，可能不是所有的角色都能成功，但我们需要努力学习如何平衡各个角色的发展。

四、生涯知识

生涯彩虹图

舒伯（Super）在 1976 年和 1979 年之间提出生涯彩虹图（图 2-8）。他认为，人的一生所扮演的角色，从孩童、学生、上班族、社会公民直到为人父母，角色的转换与多种角色的扮演，就像天上的彩虹般，色彩丰富而迷人。就生涯彩虹的内容来看，阴影的部分就是每个角色的投入程度。颜色越深表示这角色所需投入的程度越多。

生涯彩虹图有生活广度和生活空间之别。

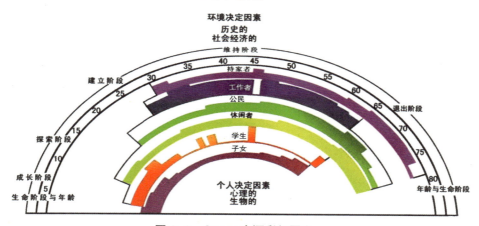

图 2-8　Super 生涯彩虹图之一

（一）横贯一生的彩虹——生活广度

在一生生涯的彩虹图中，横向层面代表的是横跨一生的生活广度。彩虹的外层显示人生主要的发展阶段和大致估算的年龄：成长期（约相当于儿童期）、探索期（约相当于青春期）、建立期（约相当于成人前期）、维持期（约相当于中年期）以及衰退期（约相当于老年期）。在这五个主要的人生发展阶段内，各个阶段还有小的阶段。舒伯特别强调各个时期的年龄划分有相当大的弹性，应依据个体的不同情况而定。高中阶段属于生涯的探索期，认识自己、职业、专业、大学和社会是我们这一时期应该做的主要任务。

（二）纵贯上下的彩虹——生活空间

在一生生涯的彩虹图中，纵向层面代表的是纵贯上下的生活空间，由一组职位和角色组成。舒伯认为人在一生当中必须扮演 9 种主要的角色，依次是儿童、学生、休闲者、公民、工作者、夫妻、家长、父母和退休者。各种角色之间相互作用，一个角色的成功，特别是早期的角色如果发展得比较好，将会为其他角色提供良好的关系基础。但是，在一个角色上投入过多的精力，而没有平衡协调各角色的关系，则会导致其他角色的失败。在每一个阶段对每一个角色的投入程度可以用颜色来表示，颜色面积越多表示该角色投入的程度越多，空白越多表示该角色投入的程度越少。彩虹图的作用主要是对自身未来的各阶段进行调配，做出各种角色的计划和安排，使人成为自己的生涯设计师。

✦ 五、生涯拓展

早期的角色如果发展得好，可以为其他角色发展奠定良好的基础（图 2-9）。结合你过去的成长经历以及你对未来的规划，思考高中三年你将如何安排你的人生角色，如何塑造好这些角色，如何分配好时间与精力。

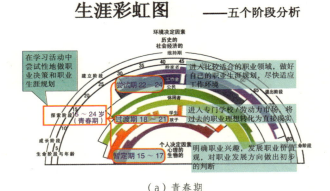

（a）青春期

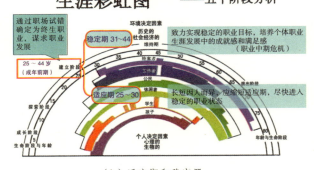

（b）适应期和稳定器

图 2-9　Super 生涯彩虹图之二

书目推荐：《名人励志系列》

作者：黄鸿涯

出版社：中华工商联合出版社

出版时间：2017 年 7 月

要获得真正意义上的成功，不能随波逐流，不能听风就是雨，必须要有自己的思想。了解一个人的思想历程，比了解一个人的成功历程更容易让人有所收获和启发。该系列名人有马云、刘强东、王健林和褚时健等人传记，我们可以从他们的人生经历中找到每个人成长的历程，而他们的经历和心路历程或许对我们的成长大有裨益。

第 5 节　家族树（我的助力资源）

 一、生涯人物故事

📖 康英德：集齐龙珠召唤农业"神龙"

康英德，厦门百利种苗有限公司总经理。他出生在农村，从小就在那里玩耍成长，对农村特别有感情。

父亲从事农业生意，在当地小有名气，建立了"从种植到加工再到出口"的较为完整的经营模式，还有许多国外的客户。康英德除了上学之外，也会时常回到父亲身边。长时间的耳濡目染，让他对农业产生了浓厚的兴趣。也正是由于经常听到父亲与国外客户的交流，让他不由自主地产生了想要"走出去"的念头。在完成本科的学习之后，康英德就向父亲提出了希望能够出国去看看的要求，最终获得同意，并成功通过日本明治大学的考核，开始了他的研究生深造之路。

由于对农业的热爱，康英德选择了与农业相关的专业——农业经济学，这与他本科的市场营销专业还是有比较大的差距的。在日本的前两年，由于语言差异的关系，他不得不把很多时间和精力花在攻克日语上面。至于为什么选择去日本深造，康英德说："第一，我的父亲主要做农业的种植、加工以及出口的生意，因此有很多日本客人。在跟他们的接触过程中，我发现他们做事比较认真，这是我非常欣赏的地方。第二，由于日本跟中国在很多方面，特别是饮食文化方面，相较欧美国家更加接近，且日本在饮食上的讲究也是举世公认的，所以我认为去日本学习更适合我。"

在日本明治大学学习期间，康英德获得了两大收获。第一，进入明治大学学习，让他对农业经济的领域有了更深的理解和感悟，构建了良好的知识体系，打下了坚实的理论基础。这段经历，给他未来的事业带来了巨大的帮助。第二，也正是在明治大学学习期间，康英德挖掘到了人生的第一桶金。在日本赚到的钱，也成了康英德日后创业的第一笔资金。因为这件事，父子俩还闹了一些趣事。康英德笑着对我说："我爸爸对我是又爱又恨，他疼爱我，对我要求很高，但是又拴不住我。之所以用'拴'这个字，主要是因为几乎所有的父亲都有这样一个情节，内心为孩子好，希望孩子朝着他们所设定的方向和路去走，总认为自己的方向会更好。但是，不同年代的人在很多观念上是有分歧的，譬如消费观、金钱观，因此有时候会产生冲突。不过，正是因为创业的时候我没有用到他的钱，所以他也不好插手。"

从这一方面看，康英德进入农业行业的创业队伍里，一切似乎都顺理成章。然而，现代农业是一个产业链非常长的行业，如前端的种苗、肥料、农机等，中间的种植、养殖、采摘等，以及后端的深加工、流通等，如何选择切入的细分领域便成为康英德首要考虑的事情。因此，在日本完成研究生的学业以后，28岁的康英德花了一年的时间进行筹备，最终选择了种苗这个领域，并于2011年7月26日在厦门正式成立"厦门百利种苗有限公司"。康英德的事业不断发展，公司和个人也荣获中组部国家"万人计划"科技创业领军人才、全国农村创业创新第二批优秀带头人等一系列殊荣。

（资料来源：卢漳华．"海归"农民康英德：让农民成为更令人尊重的职业 [N]. 厦门日报，2018-04-03(A05).）

二、我的感悟

所有人的成功都不是一蹴而就的，都需要天时、地利、人和的恰巧时机。同学们，你认为康英德的成才和创业经历中，家庭资源给他提供了哪些支持？

_____

_____

三、活动探索

职业家族树

请同学们了解家人的职业情况，并把这些情况填写在以下问题中。职业家族树如图 2-10 所示。

图 2-10　职业家族树

（1）你家族中从事的最多的职业是_____

（2）你家人的职业集中在_____领域（技术、管理、服务、研究）

（3）他们对自己职业的评价是_____

（4）家族彼此羡慕的职业是_____

（5）你的家人最常提到有关职业的事是_____

（6）你的家人最常提到有关职业的事是_____

（7）家族职业榜样是_____

（8）你家人希望你从事的职业是_____

　　理由：_____

（9）你会考虑的职业是_____

（10）你绝不会考虑的职业是_____

（11）你感兴趣的职业有_____

（12）你看重的职业使你获得_____

（13）家人可提供资源：精力（　　　）时间（　　）能力（　　　）态度（　　　　）

四、生涯知识

家庭资源

　　家庭资源在我们的支持系统中占据很重要的位置，拥有一个稳定的支持系统对我们的持续发展有十分重要的作用。在职业发展中，我们常常需要从家庭资源中获得物质、情感、信息、建议等方面的支持。

　　物质支持是职业规划最基础的保障，是我们需要得到的有关金钱、物品等方面的支持。例如，学习、升学、培训需要的学费，创业、就业需要的资金。物质支持主要取决于家庭的经济状况，也可以通过亲朋好友获得帮助。

　　情感支持是职业规划的根基。家人间相互关心、支持和鼓励是一个人前进中源源不断的动力。例如，你选择的职业目标能得到家人的认同，在实现职业目标的过程中，家人与你一起努力，分享成功的喜悦，分担困难，那么目标实现的可能性会更大。情感支持的来源有很多，家庭文化、家庭人际关系、与父母的关系、父母的期待等都可能影响情感支持获得的多少。

　　信息支持在选择和实现职业目标的过程中起着关键作用，主要是对各类知识和信息的获取。选择了一个职业目标，如果没有对实现目标需具备的条件及其他相关信息进行了解，就不知道从何处入手。而一个人了解的信息是局限的，这就需要通过家庭资源来获取更多的有用信息。

　　建议支持是选择和实现职业目标的重要参考，主要是他人在提供客观信息的基础上，给我们提出的一些方法和建议。比如，高考后想要报考哪些专业就可以听听家人的建议。

　　总的来说，职业规划应先收集客观信息，帮助自己判断职业规划所需要的物质支持和情感支持，再根据他人的建议和自己的实际情况来设定职业目标。通过这样的方式设定的职业目标，其实现的可能性也会更大。

五、生涯拓展

家庭环境量表

指导语：

该问卷（表2-5）用于了解你对你的家庭的看法。请你确定以下问题是否符合你家中的实际情况，如果你认为某一问题符合你家庭的实际情况，请在"是"对应的位置打"√"；如不符合或基本上不符合，请在"否"对应的位置打"√"。如果难以判断是否符合，你应该按多数家庭成员的表现或者经常出现的情况作答。如果仍无法确定，就按自己的估计回答。有些问句带有"★"，表示此句有否定的含义，请注意正确理解句子内容。记住，该问卷所说的"家庭"是指与你共同食宿的小家庭。在回答问卷时不要推测别人对你的家庭的看法，请一定按实际情况回答。

表2-5　家庭环境调查表

项　目	回　答	
	是	否
1. 我们家庭成员总是互相给予最大的帮助和支持。		
2. 家庭成员总是把自己的感情藏在心里，不向其他家庭成员透露。		
3. 家中经常吵架。		
4. ★在家中我们很少自己单独活动。		
5. 家庭成员无论做什么事情都是尽力而为的。		
6. 我们家经常谈论政治和社会问题。		
7. 大多数周末和晚上，家庭成员都是在家中度过，而不外出参加社交和娱乐活动。		
8. 我们都认为不管有多大困难，子女应该先满足老人的各种需求。		
9. 家中较大的活动都是经过仔细安排的。		
10. ★家里人很少强求其他家庭成员遵守家规。		
11. 在家里我们感到很无聊。		

续　表

项　目	回　答	
	是	否
12. 在家里我们想说什么就可以说什么。		
13. ★家庭成员彼此之间很少公开发怒。		
14. 我们都鼓励家里人具有独立精神。		
15. 为了有好的前途，家庭成员都花了几乎所有的精力。		
16. ★我们很少外出听讲座、看电影或去博物馆以及看展览。		
17. 家庭成员常外出到朋友家去玩并在一起吃饭。		
18. 家庭成员都认为做事应顺应社会风气。		
19. 一般来说，我们大家都注意把家收拾得井井有条。		
20. ★家中很少有固定的生活规律和家规。		
21. 家庭成员愿意花很大的精力做家里的事。		
22. 在家中诉苦很容易使家人厌烦。		
23. 有时家庭成员发怒会摔东西。		
24. 家庭成员都独立思考问题。		
25. 家庭成员都认为使生活水平提高比其他任何事情都重要。		
26. 我们都认为学会新的知识比其他任何事都重要。		
27. ★家中没人参加各种体育活动。		
28. 家庭成员在生活上经常帮助周围的老年人和残疾人。		
29. 在我们家里，当需要用某些东西时却常常找不到。		
30. 在我们家吃饭和睡觉的时间都是一成不变的。		
31. 在我们家里有一种和谐一致的气氛。		
32. 家中每一个人都可以诉说自己的困难和烦恼。		
33. ★家庭成员之间极少发脾气。		
34. 我们家的每个人的出入是完全自由的。		

续 表

项 目	回 答	
	是	否
35. 我们都相信在任何情况下竞争是好事。		
36. ★我们对文化活动不那么感兴趣。		
37. 我们常看电影或体育比赛、外出郊游等。		
38. 我们认为行贿受贿是一种可以接受的现象。		
39. 在我们家很重视做事要准时。		
40. 我们家做任何事都有固定的方式。		
41. ★家里有事时很少有人自愿去做。		
42. 家庭成员经常公开地表达相互之间的感情。		
43. 家庭成员之间常互相责备和批评。		
44. ★家庭成员做事时很少考虑家里其他人的意见。		
45. 我们总是不断反省自己，强迫自己尽力把事情做得一次比一次好。		
46. ★我们很少讨论有关科技知识方面的问题。		
47. 我们家每个人都对 1～2 项娱乐活动特别感兴趣。		
48. 我们认为无论怎么样，晚辈都应该接受长辈的劝导。		
49. 我们家的人常常改变他们的计划。		
50. 我们家非常强调要遵守固定的生活规律和家规。		
51. 家庭成员总是衷心地互相支持。		
52. 如果在家里说出对家事的不满，会有人觉得不舒服。		
53. 家庭成员有时互相打架。		
54. 家庭成员都依赖家人的帮助去解决他们遇到的困难。		
55. ★家庭成员不太关心职务升级、学习成绩等问题。		
56. 家中有人玩乐器。		
57. ★家庭成员除工作学习外，不常进行娱乐活动。		

续 表

项 目	回 答	
	是	否
58. 家庭成员都自愿维护公共环境卫生。		
59. 家庭成员认真地保持自己房间的整洁。		
60. 家庭成员夜间可以随意外出，不必事先与家人商量。		
61. ★我们家的集体精神很少。		
62. 我们家里可以公开地谈论家里的经济问题。		
63. 家庭成员的意见产生分歧时，我们都一直回避它，以保持和气。		
64. 家庭成员希望家里人独立解决问题。		
65. ★我们家里人对获得成就并不那么积极。		
66. 家庭成员常去图书馆。		
67. 家庭成员有时按个人爱好或兴趣参加娱乐性学习。		
68. 家庭成员都认为要死守道德教条去办事。		
69. 在我们家每个人的分工是明确的。		
70. ★在我们家没有严格的规则来约束我们。		
71. 家庭成员彼此之间都一直合得来。		
72. 家庭成员之间讲话时都很注意避免伤害对方的感情。		
73. 家庭成员常彼此想胜过对方。		
74. 如果家庭成员经常独自活动，会伤家里其他人的感情。		
75. 先工作后享受是我们家的老习惯。		
76. 在我们家看电视比读书更重要。		
77. 家庭成员常在业余时间参加家庭以外的社交活动。		
78. 我们认为无论怎么样，离婚是不道德的。		
79. ★我们家花钱没有计划。		
80. 我们家的生活规律或家规是不能改变的。		

续 表

项 目	回 答	
	是	否
81. 家庭的每个成员都一直得到充分的关心。		
82. 我们家经常自发地谈论家人很敏感的问题。		
83. 家人有矛盾时，有时会大声争吵。		
84. 在我们家确实鼓励成员都自由活动。		
85. 家庭成员常常与别人比较，看谁的学习工作好。		
86. 家庭成员很喜欢音乐、艺术和文学。		
87. 我们娱乐活动的方式是看电视、听广播而不是外出活动。		
88. 我们认为提高家里的生活水平比严守道德标准还要重要。		
89. 我们家饭后必须立即有人去洗碗。		
90. 在家里违反家规者会受到严厉的批评。		

评分与解释：

所有 90 个题目按选择的答案来评分，回答"是"评"1"分，回答"否"评"2"分。各因子对应题目的分值相加，即得到各因子的得分，得分越低，说明各因子的情况越好（表 2-6）。

表 2-6　各因素解释

因子与解释	包含题目（序号）	得 分
亲密度：家庭成员之间相互承诺、帮助和支持的程度。	1、11、21、31、41、51、61、71、81	
情感表达：鼓励家庭成员公开活动，直接表达其情感的程度。	2、12、22、32、42、52、62、72、82	
矛盾性：家庭成员之间公开表露愤怒、攻击和矛盾的程度。	3、13、23、33、43、53、63、73、83	
独立性：家庭成员的自尊、自信和自主程度。	4、14、24、34、44、54、64、74、84	

续 表

因子与解释	包含题目（序号）	得 分
成功性：将一般性活动（如上学和工作）变为成就性或竞争性活动的程度。	5、15、25、35、45、55、65、75、85	
知识性：对政治、社会、智力和文化活动的兴趣大小。	6、16、26、36、46、56、66、76、86	
娱乐性：参与社交和娱乐活动的程度。	7、17、27、37、47、57、67、77、87	
道德宗教观：对伦理、宗教和价值的重视程度。	8、18、28、38、48、58、68、78、88	
组织性：安排家庭活动和责任时有明确的组织和结构的程度。	9、19、29、39、49、59、69、79、89	
控制性：使用固定家规和程序来安排家庭生活的程度。	10、20、30、40、50、60、70、80、90	

评分参照：

评分参照表如表 2-7 所示。

表 2-7 评分参照表

因子名称	低 分	中 等	高 分
亲密度	0～5	6～8	9
情感表达	0～4	5～7	8～9
矛盾性	0～1	2～5	6～9
独立性	0～3	4～7	8～9
成功性	0～5	6～8	9
文化性	0～3	4～7	8～9
娱乐性	0～3	4～6	7～9
道德宗教观	0～4	5～7	8～9
组织性	0～5	6～8	9
控制性	0～2	3～5	6～9

第 6 节　职业兴趣

 一、生涯人物故事

航模世界杯比赛亚军、福建省优秀科技辅导员陈少文

陈少文，同安一中一级教师，福建省模型运动协会副会长、福建省航模运动最高纪录创造者及迄今的保持者、福建省优秀科技辅导员、厦门市优秀教师、厦门市优秀少先队志愿辅导员、厦门市课程改革先进工作者。

上帝对我关上一扇门，我必开启一扇窗。

1983 年，我开始自学起航模知识，创建学校航模队。1984 年，我被调入同安一中，任航模教练和技术课的教学工作。很快，便在航模赛上屡创佳绩。人生中总是有得必有失，所得的是：我在航模事业上初露锋芒；所失的是：我因沉迷于航空模型的研究，延误了我作为一名教师所必须具备的学历保证。

"上帝对我关上一扇门，我必开启一扇窗。"已 42 岁的我再次点燃参加成人高考的希望之火，并成为厦门地区当年唯一一个考进厦门教育学院的考生。

知之者不如好之者，好之者不如乐之者。

从教 30 多年来，我把自己的特长和爱好，作为学校全面实施素质教育不可或缺的师资资源，为同安一中的名校工程增光添彩：同安一中的航模活动，在福建航模界具有很高的声望，在全国航模界具有较大的影响，是我校技术教育一大课程品牌。在航模活动取得显著成绩的同时，学校为了构建更广阔的课程改革平台，命我拓展丰富多彩的综合实践活动。

丰富多彩的综合实践活动已成为我校全面实施素质教育的一道亮丽的风景线。但航空模型凝聚着我的血和泪，承载着我为之奋斗的艰苦历程，它让我尽享蓝天翱翔所为之的追求与快乐。

（资料来源：出自同安一中采访资料）

💡 二、我的感悟

同学们，你们认为是什么推动陈少文老师一直在航模竞赛方面取得成就的？

_____

他是如何克服生涯中的种种困难的？你还有哪些感悟，请写下来吧。

_____

_____

✈ 三、活动探索

活动一：兴趣岛

假如你获得了 7 天的假期，计划前往一处岛屿群度假。如果时间允许，你可以安排前往其中的三个岛屿，各停留几天，保证你能遍览岛上风光，乐不思蜀。注意请不要考虑其他因素，仅凭自己的兴趣选出你最想前往的岛屿。

六岛特色如下。

A 岛：美丽浪漫的岛屿。岛上有美术馆、音乐馆，弥漫着浓厚的艺术文化气息。同时，当地的原住民保留着传统的舞蹈、音乐与绘画，许多文艺界的朋友都喜欢来这里找寻灵感。

S 岛：温暖友善的岛屿。岛上居民个性温和，乐于助人。社区均自成一个密切互动的服务网络，生活在其中的人们多互助合作，重视教育，弦歌不辍。

E 岛：显赫富庶的岛屿。岛上的居民热情豪爽，善于企业经营和贸易。岛上的经济高度发展，处处是高级饭店、俱乐部、高尔夫球场。来往多是企业家、经理人、政治家、律师等，衣香鬓影，夜夜笙歌。

C 岛：现代管理秩序井然的岛屿。岛上建筑十分现代化，是进步的都市形态，以完善的户政管理、地政管理、金融管理见长。岛民个性冷静保守，处事有条不紊，善于组织规划。

R 岛：自然原始的岛屿。岛上保留有热带的原始植物林，自然生态保护甚佳，也有相当规模的动物园、植物园、水族馆。岛上居民以手工见长，自己种植花果蔬菜、修缮房舍、打造器物、制作工具。

I 岛：深思冥想的岛屿。岛上人迹稀少，建筑物多僻处一隅，平畴绿野，适合夜观星象。岛上有多处天文馆、科博馆以及科学图书馆。岛上居民喜好沉思、追求真知，喜欢和来自各地的哲学家、科学家、心理学家等交换心得。

你最想要去的岛屿是：

_____

你选择的理由分别是什么？

_____

_____

活动二：自我兴趣测验

请在课前把兴趣测验的结果填在以下空白处：

六个类型得分
R._____ I._____ A._____ S._____ E._____ C._____

你的兴趣代码（最少一组，最多六组）：

_____

区分值_____

| 90 |
| 80 |
| 70 |
| 60 |
| 50 |
| 40 |
| 30 |
| 20 |
| 10 |
| 0 |
| R   I   A   S   E   C |

自你介绍三码：_____ 谐和度：_____

在接受测验结果解释的时候，应该问自己下列问题。

（1）进行测验的时候是否了解测验的目的以及作答方式，并且认真作答？

_____

_____

（2）受测当天是否有过度疲劳、睡眠不足、身体不舒服等影响测验结果的生理状况？

_____

_____

（3）受测当天是否有太过紧张、心情不好、担心下一堂课的考试等影响测验结果的心理状况？

_____

_____

📖 四、生涯知识

（一）区分享乐和兴趣

兴趣是指人认识某种事物或从事某种活动的心理倾向，即你愿不愿意去了解它、认识它，并做一些和其相关的事情及活动。要深入其中，获得这方面的知识，或者参与其中，体验到情绪上的满足感，而后有了更多的热情和动力，这才是兴趣。

但在日常生活中，当我们被问及自己的兴趣时，大部分人的回答大同小异，如美食、购物、旅游、音乐和电影等。这和我们所指的"兴趣"有很大的不同，因为日常我们所说的兴趣根本不需要你花费多少努力或精力就能得到正向反馈与刺激，如品尝各种美食、看电影、听音乐或者看小说。而若你阅读专著，通过努力学习，便会知道一些之前不知道的事情，解决一些之前没法解决的问题。这样，我们的内部和外部的正向反馈都有了，兴趣就越来越浓厚了。所以，我们一定要区分享乐与兴趣的区别。

（二）区分兴趣与职业兴趣

兴趣的范围可以体现在生活的方方面面，几乎无所不包。而职业兴趣特指一个人对待工作的态度，表现为有从事相关工作的愿望和偏好。兴趣和职业兴趣的不同在于指向的对象不同。这里我们就需要了解什么是职业。职业是指参与社会分工，利用专门的知识和技能，满足他人或社会需求，获取合理报酬并满足精神需求的工作。简单地说，职业＝知识和技能＋社会需求＋报酬。所以，我们的职业兴趣一定会涉及社会分工，据此提供自己的知识和技能，同时必须满足社会需求、获得收入来源。抛开这些来谈兴趣，或许你的活动或工作有意义，但并不是真正意义上的职业兴趣。

✪ 五、生涯拓展

兴趣测验的解释

施测时，题项分成三个部分：我喜欢的事、我喜欢的职业、自我介绍。

作答提醒：只需考虑"喜欢"或"不喜欢"的程度，不必在意是否有机会去做这件事，要根据从小到大的生活经验或凭着直觉来回答。

喜欢或不喜欢的判断依据如下。

喜欢的感觉：符合自己做事的风格，会想再做，有成就感。

不喜欢的感觉：厌烦、排斥、拒绝、避开、日久生厌。

（一）兴趣分数

本测验每种兴趣类型有30题，全答"非常喜欢"可得90分，全答"喜欢"得60分，全答"不喜欢"也有30分。由此可推测：60分以上表示明确喜欢此类型，45分上下表示一般喜欢，只是对这个类型的专业或职业倾向有些偏好；30分以下则表示不喜欢此类型，有排斥的倾向。

（二）兴趣代码

六种类型并非完全独立，所以大多数人具有某一型的特点，并兼具其他类型的特征。最高分的前三种类型称为"兴趣代码"；如果两类型之间分数相差不到5分，则两码的位置也可以互换；如果你的前两码或一码分数特别高，且次一码分数偏低，那么你倾向双码型或单码型，表示你具有该码特征。

（三）自我介绍

自我介绍通常是反映个人的渴望，是一个主观的我，如果和"兴趣代码"一致或相近，表示兴趣类型清晰和稳定。如果不一致，则表示有可能你的兴趣倾向未来还会改变，你应尽快探索你的生涯发展。

（四）谐和度

谐和度代表兴趣代码和自我介绍代码相同的程度，也代表主观我与客观我的一致程度。5或6等级表示谐和度高，即个人兴趣类型较清晰和稳定；4等级表示谐和度中上；3或2等级表示谐和度普通；0或1等级表示谐和度低。谐和度高，表示兴趣代码对未来生涯选择具有较高的参考价值；谐和度较低时，可能是个人兴趣倾向还不成熟。

（五）区分值

区分值是帮助你了解兴趣特质差异的程度。区分值高于 3 时，代表各类型分数差别大，兴趣特质较为鲜明；区分值小于 3 时，通常各类型的分数都很接近，建议和教师进一步讨论你的兴趣。

（六）兴趣星球

兴趣星球（图 2-11）是将兴趣代码的前两码（称为小六码），加上 6 个单码（称为大六码），共计 36 组兴趣码，按照霍兰德理论分布在一圈星球中，以环状呈现远近关系。由图可知，R 两旁是 RC/ RI，次近是 RA/RE，离 R 最远是 S。在星球上，兴趣码隔得越远越不相似。将你兴趣代码的前两码当作小六码，阅读你的类型特征，即可了解兴趣素描、喜欢的学群与职业。如果你的兴趣代码有多组，你也会拥有多组的小六码。

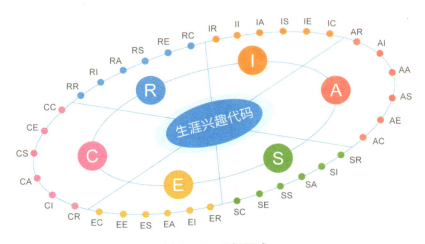

图 2-11　兴趣星球

（七）兴趣描述

每个兴趣小六码会呈现属于这个双码人的个性与做事风格、生活中看重的事物、不喜欢做的事、与人合作与沟通的方式、喜欢参与的活动或课程、有兴趣的学门与职业。

（八）学科门类地图

在兴趣星球中，你可借小六码获知有兴趣的学科门类，只要在学科门类地图（图2-12）上找到这些学科门类的位置，即可了解学科门类间的关系。学科门类地图上有十二种学科门类，也标记了六个类型的位置：北边是与数据有关的经济学科门类；南边是以创意为主的艺术学科门类；东边是关注仪表器具的工学工程与理学学科门类；西边是重视人群的教育、法学学科门类。地图左边多是文科相关学科门类，右边则是理科相关学科门类。

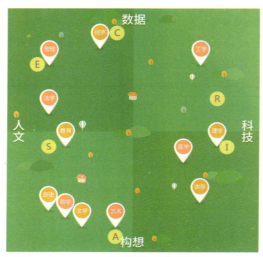

图 2-12　学科门类地图

（九）兴趣六型特征

（1）实用型 R。情绪稳定、有耐性、坦诚直率，他们通常直接行动而不多言，喜欢在讲求实际、需要动手的环境中依既定的规则，一步步地制造出有实际用途的物品。对操作工具的技术活动较有兴趣，对待生活中眼前的事重于对未来的想象，较喜欢独自做事。对工学学科门类有兴趣。有兴趣从事机械、电子、交通等相关行业。

（2）研究型 I。善于观察、思考、分析与推理，喜欢用头脑依自己的步调来解决问题，并追根究底。做事时，他们能提出新的想法和策略，但对实际解决问题的细节并无兴趣。喜欢和有相同兴趣或专业的人讨论，否则宁愿自己看书或思考。对理学、农学学科门类有兴趣。有兴趣从事数理研究等相关行业。

（3）艺术型 A。直觉敏锐，善于表达和创新。他们希望借由文字、声音、色彩或形式来表达创造力和美的感受。喜欢独立作业，但不希望被忽略，尤其在无拘无束的环境下工作效率最高。生活的目的是创造不平凡的事物，不喜欢管人和被人管，朋友关系比较随兴。对艺术学科门类有兴趣。有兴趣从事音乐、写作、戏剧、绘画、设计、舞蹈等相关行业。

（4）社会型 S。对人和善，容易相处，他们关心自己和别人的感受，喜欢倾听和了解别人，也愿意付出时间和精力去解决别人的冲突，喜欢教导别人，并帮助他人成长。不爱竞争，喜欢和大家一起做事，一起为团体尽力。交友广泛，关心别人胜于关心工作。对教育、语文、历史、哲学学科门类有兴趣。有兴趣从事心理教师、咨询师、社工师、幼儿教师等相关行业。

（5）企业型 E。精力旺盛，好冒险竞争，他们做事有计划并立刻行动。不愿花太多时间仔细研究，希望拥有权力去改善不合理的事。善用说服力和组织能力，希望自己的表现被他人肯定。他们不以现阶段的成就为满足，也要求别人跟他一样努力。对管理学科门类和法学学科门类有兴趣。有兴趣从事律师、检察官、法官、企业管理等相关行业。

（6）事务型 C。个性谨慎，做事讲求规矩和精确。喜欢在有清楚规范的环境下工作。他们做事按部就班、精打细算，给人的感觉是有效率、精确、仔细、可靠、有信用。他们的生活哲学是稳扎稳打，不喜欢改变或创新，也不喜欢冒险或领导。对经济学科门类有兴趣。有兴趣从事出纳人员、政府税务人员、会计师、金融稽核员等相关行业。

第 7 节 识别自我能力

 一、生涯人物故事

找到自己的朱德庸

中国台湾著名漫画家朱德庸，上学时因为成绩实在太糟糕，被不同的学校像踢皮球一样踢来踢去，不愿接收。他的自尊心受到极大打击。终于有一天，他问父亲："我是不是很笨？"父亲心里清楚，儿子一点儿也不笨，只是天生对文字类的东西很迟钝，导致患有学习障碍。由于他成绩很差，父母经常被老师叫去谈话。但是，父亲从未训斥过儿子，任由他躲在自己的世界里自由自在地画画，由于担心儿子孤独，还特地买了一只宠物猫送给他。时间长了，朱德庸反而觉得奇怪，问父亲："是不是你也对我彻底丧失了信心，决定不管不问？"父亲沉默良久，说："我周末带你到动物园去玩。"那天，动物园游人如织，很多人都围在一只猛虎前欣赏。父亲也带他走了过去。这期间，父亲回答了儿子的问题："人和动物一样，都有各自不同的天赋。老虎强壮，善于奔跑；猫则温顺、灵敏，虽然不能像老虎那样威风和霸气，但也具备老虎没有的天赋与本能——它能上树、抓老鼠。人们都希望成为老虎，但其实有些人是猫。儿子，你对文字迟钝，但对图形非常敏感，为什么放着优秀的猫不当，而偏要做一只烂老虎呢？我不希望你成为一只烂老虎，我相信你一定能成为一只好猫。"

回来后，朱德庸心情大好，全身心投入到漫画创作中。25岁那年，他的作品红遍东南亚。

 二、我的感悟

朱德庸在做自己不擅长的事以及擅长的事时各有什么发展？他的擅长之处是

什么？朱德庸的故事对你有什么启发呢？

_____

_____

_____

三、活动探索

探索我的多元智能

这是一个自我评估与他人评估表，主要是评估自己在多元智能中的表现。它可以帮助你思考自己擅长或喜爱的事物是什么，也可以进一步了解自己的潜能。

评量表测评了 8 类智能，每类智能 10 题，每题 1 分，若有则计 1 分，无则不得分。最终计分完毕后，可以制作出你的多元智能折线图。

（一）语文智能

表 2-8 为语文智能评量表。

表 2-8 语文智能

能力描述	是	否
我喜欢文字游戏，如接龙、猜字谜		
讲故事、说笑话对我来说很容易		
我经常阅读		
我的作文表现不错		
我在读、说、写某些字之前，脑子里可以听到它们的读音		
我喜欢用文字记录生活		
我可以分辨一种语言的不同口音		
我善于记忆人名、地名或琐事		
我善于使用比喻或成语典故		
我在谈话时常会提到我读过或听过的资讯		

（二）数学逻辑智能

表 2-9 为数字逻辑智能评量表。

表 2-9　数字逻辑智能

能力描述	是	否
心算对我来说很容易		
我喜欢玩需要运用计算能力的游戏或测验		
我喜欢数学或科学		
我能够分析事物之间的因果关系		
做数学题时，我能够用不同的方式来解题		
我可以找出事物间的规则、逻辑顺序		
上数学课或自然课时我觉得很容易		
我对科学的新发展很有兴趣		
我比较相信可以被科学验证的事物		
我喜欢指出人们在日常言行中的不合理、矛盾之处		

（三）空间智能

表 2-10 为空间智能评量表。

表 2-10　空间智能

能力描述	是	否
我对色彩的变化很敏感		
我的方向感不错		
我喜欢用图画或影像来记录我的生活		
我能很快地完成拼图或走迷宫方面的游戏		
阅读地图或图表对我来说比阅读文字容易		

续　表

能力描述	是	否
我喜欢随手涂鸦		
我常用图画的方式来记忆或思考东西		
我喜欢看有很多图画的书		
我觉得几何比代数容易		
我闭上眼睛可以想象从高空鸟瞰学校的平面图		

（四）身体运动智能

表 2-11 为身体运动智能评量表。

表 2-11　身体运动智能

能力描述	是	否
我擅长一种或多种运动		
我喜欢动手做东西，如木工、模型等		
我认为自己的手脚很灵活		
跑、跳、追等活动对我来说是很容易的		
我喜欢用亲自触摸的方式进一步学习事物		
我通常可以很快地学好一项新的动作技能，如骑脚踏车、游泳等		
与人谈话时，我常用手势或其他形式的肢体语言		
在做一些比较具有美感的动作时，我的肢体动作协调、姿态优雅		
我的休闲活动都是动态的		
我的平衡感不错		

（五）音乐智能

表 2-12 是音乐智能评量表。

表 2-12　音乐智能

能力描述	是	否
我有副好歌喉		
我的音感很不错		
我学习乐器很快就能上手		
我很爱听音乐		
我可以很快地辨别不同乐器的声音		
我的节奏感很好		
我只要听过某首新歌一次就能跟着哼唱		
音乐很容易使我回想某种情境并影响我的心情		
对于听过的旋律我可以记忆很久		
我经常在工作、学习时，轻敲节拍或是哼歌		

（六）人际智能

表 2-13 为人际智能评量表。

表 2-13　人际智能

能力描述	是	否
我喜欢有互动的团体运动胜过个人运动		
我有很多好朋友		
我会主动关心别人		
我经常参与团体的讨论		
我常被推选为班级干部		
朋友遇到困难，会主动找我帮忙		
当我有问题时，多半会求助别人帮忙		
进入陌生的团体后，我能很快跟大家打成一片		

续　表

能力描述	是	否
朋友经常请我当和事佬		
我能了解别人的心情与感受		

（七）内省智能

表 2-14 为内省智能评量表。

表 2-14　内省智能

能力描述	是	否
我经常思考人生重大问题		
我清楚知道自己的优点、缺点		
我有写日记的习惯		
我经常反省自己说的话或做的事情		
我喜欢探索自己的内心世界		
我会朝自己的目标努力，不需要他人的督促		
我可以接受他人的批评，并反省自己		
我认为自己是一个意志坚强、个性独立的人		
我喜欢安静与独处		
我喜欢看心理学或哲学方面的书籍		

（八）自然探索智能

表 2-15 为自然探索智能评量表。

表 2-15　自然探索智能

能力描述	是	否
我会主动去关怀各种小动物		

续　表

能力描述	是	否
我喜欢观察大自然		
我喜欢种植植物或养小动物		
我对辨认不同种类的树、狗、鸟或其他动植物非常在行		
我喜欢看报道大自然的书籍或电视节目		
旅行时，我喜欢大自然景点胜于城市古迹		
我会去了解气象预报中的气温、气压变化		
我重视环保的议题		
我平常喜欢看动植物图鉴		
在大自然中，我通常觉得享受与心旷神怡		

统计各项智能的数据，把分数填入下列表格（表2-16）中，确定出你的前三高智能。

表2-16　前三高智能统计表

多元智能	人际智能	内省智能	语文智能	音乐智能	空间智能	数学逻辑智能	身体运动智能	自然探索智能
分数								
我的前三高智能是	第一高智能：			第二高智能：			第三高智能：	

在下表（表2-17）中挑选出与你的前三高智能相匹配且你感兴趣的工作，并填入表中。

表 2-17　多元智能与职业对应表

多元智能	人际智能	内省智能	语文智能	音乐智能	空间智能	数学逻辑智能	身体运动智能	自然探索智能
我感兴趣的工作								
参考工作	人事、社会学家、人类学家、心理辅导员、心理学家、护士、公关人员、推销员、社会工作者	心理学家、教师、心理学教师、心理治疗师、心理辅导人员、神学家、方案规划人员、企业家	编辑、翻译者、语言校正专家、作家、广播员、新闻记者、法律助理、律师、秘书、语文教师、校对员	音乐家乐器制作者、钢琴调音者、音乐心理治疗师、作曲家、录音工程师、歌手	工程师、测量员、建筑师、设计师、摄影师、美术教师、发明家、绘图员、飞机驾驶员、艺术家、雕刻家	会计员、数学家、科学家、统计学家、保险理赔员、计算机分析师、经济学家	复建物理治疗师、舞者、演员、模特儿、技工、木匠、手工艺品制作者、体育教师、工人、编舞者、职业运动员	生物学家、动植物学家、农业研究人员、天文学家、生态学家、园艺家、工艺家、海洋学家

📖 四、生涯知识

能力——挖掘自己的潜能

能力是完成一项目标或者任务所体现出来的综合素质，是直接影响活动效率的个性心理特征。早期的心理学研究多认为能力就是单一的智能，认为可以通过比较客观测量的数据判断能力的高低。

不过也有研究认为，人的有些能力是无法简单地测量出来的，如有人可以准确地体会他人的感受，或擅长与他人讨论心理学问题，却不一定有很好的学业成绩。

美国哈佛大学的心理学家霍华德·加德纳（Howard Gardner）在 1983 年提出了多元智能理论。他认为，过去只强调了学生在数学和语文等学科方面的发展，但这并不是我们智能的全部，不同的人会有不同的智能组合。过去对于智力的定义过于狭窄，不能反映一个人的全部能力。因此，加德纳提出将人类的智能划分为 8 大类，如图 2-13 所示。

图 2-13　多元智能

加德纳认为每个人都具备多元智能（表 2-18），多数人能在几项智能上发展到平均水平，少数人能够在某项智能上有极高的表现。

表 2-18　加德纳的多元智能

多元智能	智能解读
人际智能	善于察觉他人的情绪、情感，体会他人的感觉感受，辨别不同人际关系的暗示以及对这些暗示做出适当反应的能力
内省智能	能够认识自己的长处和短处，意识到自己的内在爱好、情绪、意向、脾气和自尊，喜欢独立思考的能力
语文智能	人对语言的掌握和灵活运用的能力，能有效地利用语言描述事件、表达思想并与他人交流

续　表

多元智能	智能解读
音乐智能	个人对节奏、音调、音色和旋律的敏感以及擅长通过作曲、演奏、歌唱等形式表达自己思想感情的能力
空间智能	个人对线条、形状、结构、色彩和空间关系的敏感以及通过图形将它们表现出来的能力
数学逻辑智能	对事物间各种关系，如类比、对比、因果等逻辑关系的敏感以及通过数理进行运算和逻辑推理的能力
身体运动智能	善于运用整个身体来表达思想和情感、灵巧地运用双手制作或操作物体的能力，包括特殊的身体技巧
自然探索智能	辨别生活（植物和动物）以及对自然世界（云朵、石头等形状）的其他特征敏感的能力

如图 2-14 所示，能力的培养主要依靠是哪个方面。

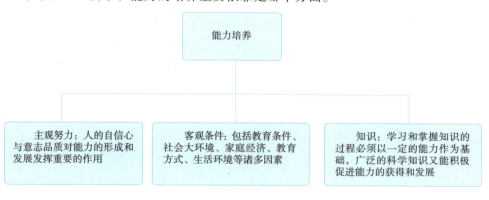

图 2-14　能力培养的三方面因素

作家格拉德威尔在《异类》一书中提出了"1 万小时"定律。他认为"人们眼中的天才之所以卓越非凡，并非天资超人一等，而是付出了持续不断的努力。1 万小时的锤炼是任何人从平凡变成世界级大师的必要条件"。

总之，能力的形成与发展是多种因素促成的结果，只要充满自信，勤奋学习，勇于参加实践，不断磨炼，就能促进多种能力的发展和提高。

✦ 五、生涯拓展

（一）多元智能理论提出的背景

1."零点项目"的研究

1967 年，美国哈佛大学建立了"零点项目"研究所，旨在从认知角度研究艺术。因为这个研究领域在当时还是空白，意为"从零开始，弥补科学教育研究和艺术教育研究之间的平衡"，故研究所的创始人哲学家尼尔森·古德曼教授将该研究项目命名为"零点项目"。该课题组持续了 30 多年，最多时有上百名科学家参与研究，投入研究基金数亿美元。"零点项目"研究的重要成果之一就是加德纳教授提出的多元智能理论。

1979 年，美国哈佛大学教育研究生院的一个研究小组承担了一项重大课题：研究人类潜能的本质及其开发。加德纳作为一名研究人员参加了该研究，任务是"写一部专著，在人类科学领域中建立人类认知本质的理论"。加德纳以皮亚杰的思维理论为研究对象，决定写"多元智能"——《智能的结构》。"'多元'用来强调从音乐智能一直到自我认识智能等多种互不相关的未知潜能，'潜能'则用以和智商测试所测出的能力相比较。"但是，《智能的结构》的出版并未引起心理学界的反响，"只有少数心理学家同意我的理论，反对的人数超过赞成的人数，大多数人忽视它。"相反，在美国和世界各地的学校引起强烈反响，《智能的结构》被翻译成多种语言，在世界各地一直畅销不衰。正如加德纳本人所说："我的书并未引起同行即心理学家的关注，却引起了不属于某一特定学科领域公众的兴趣。"

2.智商测试及其结果的局限性

（1）心理测验研究始终没有解决什么是一般智力的问题。由于国内外心理学家对智力所下的定义各异、智力因素也不确定，目前的智力测验的正确性不像物质测量的正确性那样高。如果智力概念能反映智力的本质，那么依据这个概念所编制的智力量表的准确性就会高一些。但无论如何，智力测量仍不可能像用尺丈量布、用秤称米那样精确。

（2）通常的智力测验都是把智力定义为词汇能力、运算能力等维量。但实际中的智力究竟是不是这样也没有定论。智力作为一种潜在的能量，是通过人的言行表现出来的，因此测量智力就不像量布、称米那样可以直接进行，而要通过让被试者回答问题，或做算术题、解释字义等间接进行。在这种测验中，智力与知识、技能常常混在一起难以区分。虽然两个被试者的智力相近，但由于他们的受教育和经验水平的差异很大，导致两者测验出来的智力结果也有很大的差异。

（3）一些智力测验方法不完全适合我国的民族文化和习惯。由于当今我国使用的测验方式都是由西方引进的，不一定完全适合我国的民族文化和习惯，同时由于智力测验的技术性很强，有不少测验需在心理学家的指导下才能进行，所以其使用效果往往受到一定影响。有不少测验心理学家指出，在使用智力测验方法时还要对智力以外的要素进行测量。

（二）多元智能理论的影响

《智能的结构》出版后，在美国和世界各地教育界引起热烈反映。加德纳："那本心理学著作，在美国和世界各地的教育家和教育工作者中受到了广泛而热烈的欢迎。"加德纳也被《纽约时报》称为当今美国最有影响力的发展心理学家和教育家，被中国心理学界的权威人士认为是目前世界上最伟大的两名发展心理学家之一。

第8节　职业价值观知多少

一、生涯人物故事

 清华学子海外归来甘当"水泥工"厦门达人将水泥玩出了"花"

在距离厦门市区30千米之外的郊区，刚从美国留学归来的杨龙潭自己设计、施工、装修，用3个月时间和不到2万元的预算，将一间废弃的小货仓改造成了朋友圈拍照的"网红店"。

但这其实并不是店，而是杨龙潭的水泥工作室，坐落于他的水泥工厂旁。其工厂创作一切跟水泥相关的东西：水泥地板，花盆，桌椅，灯具，文具等。只有你想不到，没有他不卖的。

杨龙潭本科就读于清华大学美术学院，毕业后在美国芝加哥艺术学院完成研究生学业，专业是室内建筑设计。现在是一名独立设计师，同时是厦门市极物文化设计有限公司的实际负责人。

研究生毕业后，杨龙潭并没有按专业方向发展成为一名室内设计师。而是回到厦门同安，创立了自己的水泥设计品牌。杨龙潭的父亲也是水泥匠人，以制造、出售传统水泥制品为业。这算不算子承父业呢？反正他现在已将水泥玩出"花"来了。

杨龙潭在研究生期间用了一年的时间，经历过数百次的实验与失败，换过几十套的结构方案和种子组合，终于让看似不可能的事情变成了事实——只需要浇水，便能让植物从密闭的水泥块中破壳而出，展现奇迹般的生命力！目前这个发明已在多个国家申请了专利。

在研究生期间，杨龙潭就带领芝加哥艺术学院设计团队与深圳的管理团队合作，设计了以"水泥盒子"为基本单元的模块化城市农场系统——urban farm，并在深圳市政府支持下在深圳华侨城落地开花。该设计用两到三种不同的重水泥单元件，搭配一些小物件，排列组合就可以成功搭建出一个城市农场。"水泥盒子"里可自由调整土层容量，满足不同的花卉、蔬果、树木的种植需求。若是佐之以一些小物件，便可拓展出工具储藏、户外座椅、户外夜灯的功用。带轮的设计更使其能自由地调整布局方式，产生不同的空间搭配效果，适用于不各种格局、地点，满足不同功能的需求。有人说钢筋水泥的城市略显冷漠，却不曾想水泥也有生机盎然的一面。

杨龙潭的父亲说："读了那么多年的书，却还是回来干这种辛苦活儿。"语气里有点无奈，有点可惜。但是，杨龙潭不认同，研究技术，设计产品，自创品牌，创造属于自己的世界，传播关于美的设计理念，他不亦乐乎，不改其志。

（资料来源：陈万泉．清华毕业生回到同安当起"水泥工"[N]．厦门晚报，2018-07-30(A3).）

二、我的感悟

读了杨龙潭的故事，你觉得他在选择自己的事业时看重的有哪些方面？在未来职业发展道路上，你会看重哪些方面呢？

_____

_____

_____

_____

三、活动探索

（一）价值观大拍卖

游戏规则如下，

（1）每位同学手里都有 1 000 万元，在希望购买的价值的数字项后打√，而后填入想要花费的金额（请以 100 万元为单元购买，总共是 1 000 万元；不能有剩下的钱或超支的情形）。

（2）而后在班级中进行拍卖。再给每位同学 1 000 万用于班级拍卖，同样以 100 万元为单位购买，以百万倍数竞标，如有人要直接以 1 000 万元购买也可以

（如有 2 人以上，即猜拳，由获胜者获得）。

（3）同学要在此堂课中将钱用完，且不可向同学借钱。

（4）班上推选一名同学作为拍卖官，老师会在黑板上记下由谁购得？多少钱购得？

（5）拍卖时，以价钱最高者，连喊三次无人竞标后成交。

（6）最后，每位同学填好自己的拍卖计价表（表 2-19）。

表 2-19　职业价值观拍卖计价表

职业价值观	我想要出的价格	我实际支出的价格
美的追求		
创造发明		
智力激发		
独立自主		
成就满足		
声望地位		
管理权力		
经济报酬		
安全稳定		
工作环境		
上司关系		
同事关系		
多样变化		
生活方式		

（二）价值观测验

下面有 60 道题（表 2-20），请在题目后面的括号内打分。最低分 1 分，最高分 5 分，分数越高代表该项内容对你来说越重要。通过测验，你可以大致了解自己的职业价值倾向，为将来择业提供参考依据。

表2-20 价值观测验题

1. 能参与救灾济贫工作（ ）	27. 有一个公正的主管（ ）
2. 能经常欣赏完美的工艺作品（ ）	28. 能与同事建立深厚的友谊（ ）
3. 能经常尝试新的构想（ ）	29. 工作性质常会变化（ ）
4. 必须花精力去深入思考（ ）	30. 能实现自己的理想（ ）
5. 在职责范围内有充分自由（ ）	31. 能够减少别人的苦难（ ）
6. 可以经常看到自己的工作成果（ ）	32. 能运用自己的鉴赏力（ ）
7. 能在社会扮演更重要的角色（ ）	33. 常需构思新的解决方法（ ）
8. 能知道别人如何处理事务（ ）	34. 必须不断地解决新的难题（ ）
9. 收入能比相同条件的人高（ ）	35. 能自行决定工作方式（ ）
10. 能有稳定的收入（ ）	36. 能知道自己的工作绩效（ ）
11. 能有清静的工作场所（ ）	37. 能让你觉得出人头地（ ）
12. 主管善解人意（ ）	38. 可以发挥自己的领导能力（ ）
13. 能经常和同事一起休闲（ ）	39. 可使你存下许多钱（ ）
14. 能经常变换职务（ ）	40. 好的保险和福利制度（ ）
15. 能成为你想成为的人（ ）	41. 工作场所有现代化设备（ ）
16. 能帮助贫困和不幸的人（ ）	42. 主管能采取民主领导方式（ ）
17. 能增添社会的文化气息（ ）	43. 不必和同事有利益冲突（ ）
18. 可以自由地提出新颖的想法（ ）	44. 可以经常变换工作场所（ ）
19. 必须不断学习才能胜任（ ）	45. 常让你觉得如鱼得水（ ）
20. 工作不受他人干涉（ ）	46. 能常帮助他人解决困难（ ）
21. 觉得自己的辛苦没有白费（ ）	47. 能创作优美的作品（ ）
22. 能使你更有社会地位（ ）	48. 常需提出不同的处理方案（ ）
23. 能够分配调整他人的工作（ ）	49. 需对事情深入分析研究（ ）
24. 能常常加薪（ ）	50. 可以自行调整工作进度（ ）
25. 生病时能有妥善照顾（ ）	51. 工作结果受到他人肯定（ ）
26. 工作地点光线通风好（ ）	52. 能自豪地介绍自己的工作（ ）

53. 能为团体拟订工作计划（　）	57. 主管的学识和品德让你钦佩（　）
54. 收入高于其他行业（　）	58. 能够认识很多风趣的伙伴（　）
55. 不会轻易地被解雇或裁员（　）	59. 工作内容随时间变化（　）
56. 工作场所整洁卫生（　）	60. 能充分地发挥自己的专长（　）

接下来请你按照表 2-21 中的分类，将对应题目分数分别相加，算出每个职业价值观对应的分数，并填入表 2-21 中。

表 2-21　价值观测验计分表

职业价值观	对应题目	得　分
利他主义	1、16、31、46	
美的追求	2、17、32、47	
创造发明	3、18、33、48	
智力激发	4、19、34、49	
独立自主	5、20、35、50	
成就满足	6、21、36、51	
声望地位	7、22、37、52	
管理权力	8、23、38、53	
经济报酬	9、24、39、54	
安全稳定	10、25、40、55	
工作环境	11、26、41、56	
上司关系	12、27、42、57	
同事关系	13、28、43、58	
多样变化	14、29、44、59	
生活方式	15、30、45、60	

接下来请你从高分项中，认真地选择三项你最为看重的，并且进行排序（表 2-22），你会如何取舍？请好好想想看，这是一个发现自己的过程。

表 2-22　我最看重的价值观和原因

排　序	职业价值观	说说你选择的理由
1 最重要		
2 其次		
3 再次		

📖 四、生涯知识

（一）什么是价值观

谈到价值观会给人特别抽象的感觉，但其实它无时无刻不在影响着你的每一个决定，大到你的职业选择和发展方向，小到你每一天吃什么。比如，有人名校毕业后回老家生活发展，有人不远万里到山村支教。再如，有人吃饭看重的是便宜，而忽略了口味与营养，有些人就比较重视口味跟营养。价值观是每个人对人、事、物的看法或原则，它决定你要什么及不要什么。凡是你觉得重要的、想追求的，就是属于你自己的价值观。我们常会说"我在乎……""我认为……比较重要""我不喜欢……"，这就体现着你的价值观。价值观是个人一种内在、持久的信念和原则，人通过价值观对周遭人、事、物进行判断，从而产生取舍。价值观与我们的人格特质一样，并没有所谓的好与坏。价值观可以在适当的环境中得到满足。简而言之，价值观是每个个体对人和事物的评价和判断，也是我们在做选择时，背后所隐藏的综合性价值结构。

（二）价值观与生涯

价值观影响着我们的各种选择，当然也包括我们生涯过程中的各种角色及经历过的各种事情。学生虽然还没有经历职场，但在科目选择及专业选择时，其实已经会显现出自己的价值观了。价值观的差异造成了每个人不同的生活习性与行事风格，不同的生涯选择与生涯目标。

就职业角度来看，有人追求稳定的工作，有人追求冒险刺激的工作，有人想要成就感极其强烈的工作，有人追求的则是低调轻松舒适的工作……人们只有了解自己的价值观，才能清楚自己需要什么，也才能为此早做准备。

（三）价值观和职业

人们把和工作有关的价值观叫作工作价值观。人们在找工作时，最看重的是工作满意度、金钱、健康、人际关系等。对自己的工作价值观越清楚，就越能快速地找到自己的生涯目标。舒伯总结归纳出了下面15种工作价值观（图2-15），同学们可以看看这些价值观对自己的重要程度，初步了解工作中自己最重视的与最不在乎的分别是什么。

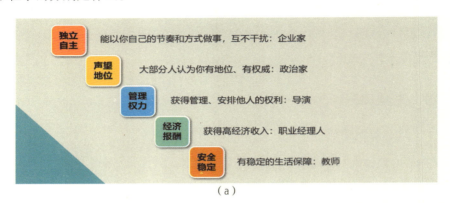

（a）

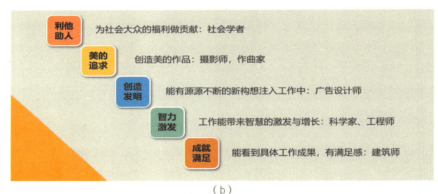

（b）

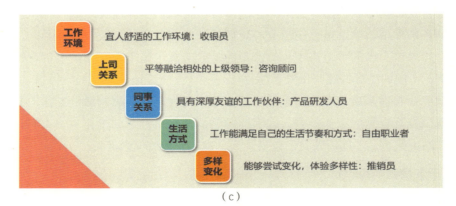

（c）

图2-15　15种工作价值观

✦ 五、生涯拓展

向死而生——电影《遗愿清单》

《遗愿清单》是由罗伯·莱纳执导，杰克·尼科尔森、摩根·弗里曼、西恩·海耶斯、比弗莉·托德等主演的剧情片。该片讲述了两位身患癌症的病人，机缘巧合之下相识结为好友，并决定在余下的日子里，完成他们内心所想的"遗愿清单"的故事。

故事简介

黑人汽车修理工卡特·钱伯斯热爱生活而且知识渊博。一场可怕的疾病让他不得不离开自己的工作和家庭进入医院接受实验性治疗。亿万富翁爱德华·科尔是一家医疗机构的 CEO，一贯秉承"一间病房两个床位，没有例外"经营理念的他在获悉自己身患重病之后也不得不与其他人共用一间病房。两个原本分属于不同世界的陌生病友住到了一起。虽然身份地位悬殊，但两人有一个共同点，那就是时日无多。卡特虽非大富大贵，但拥有深爱他的妻子和家庭。而爱德华虽然富可敌国且时常都有美女相伴，但缺乏家人的关爱。卡特在纸上记录下了自己生命中尚未实现的愿望。无意中得悉情况的爱德华决定帮助卡特达成心愿。

电影评价

该片本身所表达出的对人生和生命的思考是值得观众去关注的。虽然在找寻梦想的路上，主人公的生命随时可能终结，但他们那份勇敢和快乐深深地感染了每一位观众。（腾讯网评价）

该片是一部非常富有人生哲理的电影。它用一个相对华丽的布景给观众展示了个人在面对死亡时的坦然，体现了人们对生活的热爱，激发了观众的共鸣。其中的各种情感——亲情、友情、爱情等，给观众描绘了一个真正富有意义的人生。（《电影文学》评）

该片风格简单朴素，没有过多的环境和气氛的渲染，只是非常写实地叙述了一个简简单单的故事。（《影视名作欣赏》评）

第 9 节　性格透视

一、生涯人物故事

C 罗的自律，成就了他的辉煌

　　已满 34 岁的 C 罗是葡萄牙当家球星，在 2018 年俄罗斯世界杯中面对强敌西班牙，他以一己之力拯救了整个国家队！此前 C 罗曾率领皇马三度蝉联欧洲冠军联赛冠军，带领葡萄牙队豪夺欧洲杯冠军。2018 年 5 月，接受媒体采访的 C 罗说："如今的我，有着 23 岁的身体。"那 C 罗是如何拥有不输 23 岁的体能和竞技状态的呢？

　　强大的体能在于自律。

　　在皇马，工作人员喜欢用"瑞士手表"来形容 C 罗的规律性，而这只手表过去 20 年里一直走得很精准。球队的一位教练组成员曾经在接受采访时提到这样一个细节："一次在土耳其踢完欧冠之后，球队在凌晨 3 点回到马德里机场，大部分球员都想着直接开上自己的车回家，而 C 罗先去冰浴。C 罗每天都会在皇家马德里的训练中心或自己家里巨大的健身房里锻炼。"

　　关于他健身的勤奋，有两个广为流传的故事。据英国媒体报道，C 罗在曼联球队效力时，每天最少花一个小时锻炼腰腹肌肉，转会皇马之后更加勤奋，每天要做 3 000 个仰卧起坐。安切洛蒂是皇马球队前主教练，他曾透露 C 罗甚至会训练到凌晨 3 点，而为了方便锻炼，他直接把客厅改造成了健身房。

　　自律还体现在他的饮食上，他每天摄入的都是低脂肪低糖量食物，而且从不喝酒。偶尔的"放纵"就是吃上几片自己最钟爱的葡萄牙烤鳕鱼。

　　自律同样体现在他的睡眠质量上。在接受法国《SO FOOT》采访时，C 罗说："很多球员在 5 场、10 场或者 15 场比赛中表现出色，但一个赛季你必须 60 场比赛出色才行。要做到这一点，关键在于睡好、休息好、吃好。

（资料来源：彭小华主编 . 中国足球年鉴 [M]. 武汉：武汉出版社 ,2011.）

 二、我的感悟

阅读完以上故事，请总结 C 罗的自律都体现在哪些方面。

_____

_____

自律是一种性格特质，C 罗能获得今天的成功除了自律，还有哪些性格特质，为什么？

_____

_____

_____

三、活动探索

活动一：观察生涯人物

要想了解身边的亲朋好友的性格特点，我们可以通过观察别人的行为方式来觉察他的性格特点，如表 2-23 所示。通过观察他人为自己的性格探索做好铺垫。

表 2-23　生涯人物观察表

观察对象	事　件	他的性格特点

活动二：老板挑助手

一位老板想从比较信任的甲、乙、丙三位助手中，选拔他们分别负责管理财务、推广业务、策划的相关工作。于是，他安排三位助手下班后留在公司与他一起研究问题，并在此期间故意制造了一起火警。在火警面前，甲说："我们赶快离

开这里再想办法。"乙一言不发，马上跑到屋角抱起灭火器去找火源。丙坐着不动说：这里很安全，不可能有火灾。"

（1）老板可能安排他们做什么工作？

（2）现在有三种岗位：财务管理、业务推广、策划和后勤。你会怎样给他们分配？

（3）如果你是班级迎新晚会的策划人，你会需要哪些同学的帮助，为什么？

活动三：我的个性特质清单

在□中打√代表此项与你的个性相符。邀请至少两位同学来为你的特质投票，并在○中打√。
在○中打√代表别人认为此项与你的个性相符。

○ □ 1 爱说话	○ □ 13 诚实	○ □ 25 逻辑强
○ □ 2 热情	○ □ 14 有自信	○ □ 26 乐观
○ □ 3 害羞	○ □ 15 有恒心	○ □ 27 体贴
○ □ 4 谦虚	○ □ 16 有领导力	○ □ 28 幼稚
○ □ 5 精力充沛	○ □ 17 谨慎	○ □ 29 正直
○ □ 6 善于表达	○ □ 18 爱干净	○ □ 30 坦率
○ □ 7 幽默	○ □ 19 依赖	○ □ 31 自负
○ □ 8 勤奋	○ □ 20 节俭	○ □ 32 独立
○ □ 9 天真	○ □ 21 容易生气	○ □ 33 老实
○ □ 10 勇敢	○ □ 22 好奇	○ □ 34 有同情心
○ □ 11 迷糊	○ □ 23 喜欢助人	○ □ 35 冲动
○ □ 12 人缘好	○ □ 24 坚毅	○ □ 36 顽固

（1）把自己的特质跟同学们写出的特质进行对比，看哪些是一致的，哪些是不一致的。对于不一致的你有何感想，它们可能是你的特质吗？

（2）梳理我的个性特点——原来我是这样的人：

（3）请对照个性探索的结果，思考以下问题。

①我认为和我的个性匹配的职业有：_____

②我的个性特质中对从事该职业有助力作用的是：

_____

可能起阻碍作用的是：

_____

📖 四、生涯知识

（一）什么是性格

性格是一个人对现实的稳定的态度以及与这种态度相应的习惯化了的行为方式中表现出来的人格特征。

性格是在社会生活实践中逐渐形成的，一经形成便比较稳定，会在不同的时间和不同的地点表现出来。但是，性格具有稳定性并不是说它是一成不变的，而是可塑的。性格形成后，生活环境的重大变化也会促使人的性格特征发生显著变化。

（二）性格与生涯

伴随社会的不断发展，交友择偶、人才招聘、领袖选举等越来越重视个人的性格特质。因为最后影响成败，决定个人态度与决策的，往往不是专业知识，而是性格。学习能力、团结合作能力等已被企业列为重要的竞争力。

性格跟生涯规划密不可分。生涯规划就是要让同学们能够勇于做自己，会做自己，特别是过自己真正想要的生活。在这个自我实现的过程中，每个人的性格都应该得到淋漓尽致的体现。每个人都有自己独特的个性，即每个人的心理特征不同，看问题的角度，处理事情的风格、方式也有很大差异。有的人沉稳持重，有的人热情爽朗，而有的人谨慎多疑，有些人风风火火……不同性格的人会选择不同的的工作。正如美国心理学家霍兰德指出的，职业选择乃是性格的一种表现，它选择了工作环境，而工作环境又会进一步塑造个人的性格，两者循环交互。

（三）性格与职业发展

性格并无好坏之分，但性格类型与职业类型的匹配度在很大程度上决定了事业的成功与否。性格若能与工作相匹配，工作起来就能得心应手、轻松愉快、富有成就；反之则会感到不适应、困难重重。

（四）性格测试工具——大五人格测验

近年来，研究者在人格描述模式上形成了比较一致的共识，提出了人格的大五模式。研究者通过词汇学的方法，发现大约有 5 种特质可以涵盖人格描述的所有方面，即大五人格（OCEAN），也被称为人格的海洋。

开放性（Openness）：具有想象、审美、情感丰富、求异、创造、智能等特质。

尽责性（Conscientiousness）：显示胜任、公正、条理、尽职、成就、自律、谨慎、克制等特点。

外倾性（Extraversion）：表现出热情、社交、果断、活跃、冒险、乐观等特质。

宜人性（Agreeableness）：具有信任、利他、直率、依从、谦虚、移情等特质。

情绪稳定性（Neuroticism）：具有平衡焦虑、敌对、压抑、自我意识、冲动、脆弱等情绪的特质，即具有保持情绪稳定的能力。

◆ 五、生涯拓展

下面的问卷（表 2-24）描述了常见的一些行为，有些看起来很像你，有些一点也不像你。每道题后有 5 种选择，请从中选出一个最符合你真实情况的答案，并在相应的数字上画圈。

表 2-24　大五人格测验问卷

		很不像我	不太像我	有点像我	比较像我	非常像我
1	我很喜欢和同学们一起玩	0	1	2	3	4
2	我能理解和体谅别人，考虑到别人的感受	0	1	2	3	4
3	对学过的知识，我及时复习，认真总结	0	1	2	3	4
4	我的理解能力强，对新接触的知识能很快接受	0	1	2	3	4
5	小小的失败也会让我感到失落	0	1	2	3	4
6	我很健谈，爱和别人聊天、交谈	0	1	2	3	4
7	我说话很有礼貌，从不说伤害别人的话	0	1	2	3	4

续　表

		很不像我	不太像我	有点像我	比较像我	非常像我
8	我很勤奋，总是努力学习和工作	0	1	2	3	4
9	我对很多事情都有自己独特的看法	0	1	2	3	4
10	我常常感到无助，希望有人能帮我解决问题	0	1	2	3	4
11	我很热情，经常主动交新朋友	0	1	2	3	4
12	我为人诚实，不喜欢弄虚作假	0	1	2	3	4
13	我做事认真，做完一件事后会仔细检查，尽力避免错误	0	1	2	3	4
14	我很聪明（即使学习成绩没有体现出这一点）	0	1	2	3	4
15	我的情绪变化较快，一会儿特高兴，一会儿可能又不高兴了	0	1	2	3	4
16	我是一个乐观、开朗的人	0	1	2	3	4
17	我富有同情心	0	1	2	3	4
18	不管有无他人在场，我都能约束自己遵守各项规则	0	1	2	3	4
19	我经常能发现别人难以觉察的美	0	1	2	3	4
20	我经常对自己有把握的事情感到很担心	0	1	2	3	4
21	别人认为我很活泼	0	1	2	3	4
22	我总是力所能及地帮助别人	0	1	2	3	4
23	我做事考虑周全，总是想好了再做	0	1	2	3	4
24	我有丰富的想象力	0	1	2	3	4
25	我遇事常感到害羞	0	1	2	3	4
26	我很爱笑，也喜欢和别人开玩笑	0	1	2	3	4
27	我很容易原谅别人的过失	0	1	2	3	4
28	我注意保持整洁，物品、学习用具摆放得有条理	0	1	2	3	4
29	我喜欢自由地幻想，即使这些幻想看起来不切实际	0	1	2	3	4

续 表

		很不像我	不太像我	有点像我	比较像我	非常像我
30	我缺少自己的想法，需要别人告诉我我做的事是否正确	0	1	2	3	4
31	我不会隐藏内心的想法，心里怎么想就怎么说	0	1	2	3	4
32	我待人热情、友好	0	1	2	3	4
33	我做事很有计划性，能按计划一步步地努力	0	1	2	3	4
34	我兴趣爱好广泛，知识面宽	0	1	2	3	4
35	与周围的人相比，我常常觉得自己不如别人	0	1	2	3	4
36	我喜欢参加集体活动和同学、亲友的聚会	0	1	2	3	4
37	我待人真诚，总是实话实说	0	1	2	3	4
38	我花钱有计划，从不随便乱花钱	0	1	2	3	4
39	在玩耍或别的活动中，我常能想出令人惊讶的新点子	0	1	2	3	4
40	遇到不高兴的事，我常闷在心里，很不开心	0	1	2	3	4
41	我能很快融入一个新的集体	0	1	2	3	4
42	我不会因为小事而与别人争吵或闹别扭	0	1	2	3	4
43	我珍惜时间，做事效率高	0	1	2	3	4
44	我有敏锐的观察力，常常能观察到别人观察不到的细节	0	1	2	3	4
45	我常常担心会发生不好的事情	0	1	2	3	4
46	我喜欢参加激烈的游戏或活动	0	1	2	3	4
47	课堂上我能积极发言，即使不是完全有把握	0	1	2	3	4
48	只要答应过别人的事，我都会竭尽全力	0	1	2	3	4
49	我做事力求圆满，让人满意	0	1	2	3	4
50	我在做出许诺前，总要反复考虑	0	1	2	3	4

我的测验结果：

外向性平均分 =（题 1+6+11+16+21+26+31+36+41+46+47）/11=

宜人性平均分 =（题 2+7+12+17+22+27+32+37+42+48）/10=

尽责性平均分 =（题 3+8+13+18+23+28+33+38+43+49+50）/11=

开放性平均分 =（题 4+9+14+19+24+29+34+39+44）/9=

情绪性平均分 =（题 5+10+15+20+25+30+35+40+45）/9=

五大维度详解

（1）情绪性。情绪性反映个体情感调节过程，反映个体体验消极情绪的倾向和情绪不稳定性。情绪性这一维度得分高的个体倾向于有心理压力、不现实的想法、通常有过多的要求和冲动，更容易体验到愤怒、焦虑、抑郁等消极的情绪。他们对外界刺激反应比一般人强烈，对情绪的调节、应对能力比较差，经常处于一种不良的情绪状态下，并且这些人思维、决策以及有效应对外部压力的能力也比较差。相反，情绪性维度得分低的人烦恼较少，情绪化较少，比较平静。

（2）外向性。外向性表示人际互动的数量和密度、对刺激的需要以及获得愉悦感的能力。这个维度将社会性的、主动的、个人定向的个体和沉默的、严肃的、腼腆的、安静的个体进行对比。这方面可由两个品质加以衡量：人际的卷入水平和活力水平。前者评估个体喜欢他人陪伴的程度，后者反映了个体的活力水平。

外向的人喜欢与人接触，充满活力，经常感受到积极的情绪。他们热情，喜欢运动，喜欢刺激冒险。在群体中，他们非常健谈、自信，喜欢引起别人的注意。

内向的人比较安静、谨慎，不喜欢与外界过多接触。他们不喜欢与人接触不能被解释为害羞或者抑郁，这仅仅是因为比起外向的人，他们不需要那么多的刺激，因此喜欢一个人独处。内向的人的这种特点有时会被人误认为是傲慢或者不友好，其实一旦和他们接触，会发现他们是非常和善的人。

（3）开放性。开放性描述的是一个人的认知风格。对经验的开放性被定义为，因为自身的缘故，对经验的前摄（proactive）寻求理解以及对陌生情境的容忍和探索。这个维度将那些好奇的、新颖的、非传统的以及有创造性的个体与那些传统的、无艺术兴趣的、无分析能力的个体进行比较。开放性的人偏爱抽象思维，兴趣广泛。封闭性的人讲求实际，偏爱常规，比较传统和保守。开放性的人适合从事教授等职业，封闭性的人适合从事警察、销售等职业。

（4）宜人性。宜人性评估的是个体喜欢与他人一同出现的程度，考察个体对其他人所持的态度，这些态度一方面包括亲近人的、有同情心的、信任他人的、宽大的、心软的，另一方面包括敌对的、愤世嫉俗的、爱摆布人的、复仇心重的、无情的。宜人性代表了"爱"，能分辨出一个人对合作和人际和谐是否看重。宜人性高的人是善解人意的、友好的、慷慨大方的、乐于助人的，愿意为了别人放弃自己的利益。宜人性高的人对人性持乐观的态度，相信人性本善。宜人性低的人则把自己的利益放在别人的利益之上。本质上，他们不关心别人的利益，因此也不乐意去帮助别人。有时候，他们对待别人是非常多疑的。

（5）尽责性。尽责性指人们控制、管理和调节自身冲动的方式，评估个体在目标导向行为上的组织、坚持和动机程度。它把可信赖的、讲究的个体和懒散的、马虎的个体进行比较，同时反映个体自我控制的程度以及推迟需求满足的能力。冲动不一定就是坏事，有时环境要求人们能够快速决策。冲动的个体常被认为是快乐的、有趣的、很好的玩伴。但是冲动的行为常常会给个体带来麻烦，虽然会给个体带来暂时的满足，但容易产生长期的不良后果，如攻击他人。冲动的个体一般不会获得很大的成就。谨慎的人可以避免麻烦，反而能够获得更大的成功。人们一般认为谨慎的人更加聪明和可靠，但是谨慎的人可能是完美主义者或工作狂。极端谨慎的个体让人觉得单调、乏味、缺少生气。

五大维度的具体表现如表 2-25 所示。

表 2-25　五大维度

因　素	低　分	高　分
外向性	孤独、不合群	喜欢参加集体活动
	安静	健谈
	被动	主动
	缄默	热情
宜人性	多疑	信任
	刻薄	宽容
	无情	心软
	易怒	好脾气

续 表

因 素	低 分	高 分
尽责性	马虎	认真
	懒惰	勤奋
	杂乱无章	井井有条
	不守时	守时
情绪性	冷静	自寻烦恼
	不瘟不火	神经质
	自在	害羞
	感情淡漠	感情用事
开放性	刻板	富于想象
	创造性差	创造性强
	遵守习俗	标新立异
	缺乏好奇心	有好奇心

（资料来源：周晖，钮丽丽，邹泓 . 中学生人格五因素问卷的编制 [J]. 心理发展与教育，2000，16（1）：48-54.）

第三章
外部世界

第 1 节　学科门类与专业

 一、生涯人物故事

 新洲两"学霸"因专业不爱双双退学

2013 年 9 月，新洲一中邹英杰以 664 分的成绩考上了清华大学的精密仪器和技术专业。两年后，因对专业不感兴趣，2015 年 3 月，他毅然提交了退学申请。2016 年，他再次踏入高考考场，以总分 705 分的新洲状元身份考入北京大学光华管理学院。

同样，邹英杰复读时的同班同学王琛琪于 2015 年 9 月以 678 分的成绩考入北京大学医学部，上学不到一个月，因所选专业不合适，选择退学返回母校就读。2016 年高考，王琛琪以 681 分成绩再加上北大博雅计划 20 分额外加分，以 701 分的总成绩再次考入北京大学，准备就读数学或者信科专业。

两名学生在接受《楚天金报》记者专访时表示：退学不为其他，只为选择一个自己喜欢的、感兴趣的专业。

邹英杰说："如果继续就读，养活自己没有问题，但是想在这一行有所发展，就很难了。我不愿意这么将就。"2013 年，邹英杰被清华大学录取时，给他选择的只有五六个专业，他挑了精密仪器和技术专业。大一学的是基础课，成绩在年级排前十，可到了大二，开始接触专业课，他发现与自己的兴趣差得很远，越学越没有劲。他跟老师和辅导员谈了几次，老师劝他再坚持一下，2015 年 3 月实在坚持不住了，于是向学校提出了退学申请。"当时只想重新考试，能多个选择。"邹英杰告诉记者，当他决定退学时，家人不理解，也不支持，但经过反复做工作，父母终于同意他回校重考。"爸爸妈妈一直在广东打工，我决定重新高考后，他们也决定回家打工陪着我。""回校后，当时还是有点心理压力。但第一次摸底考试，拿了班级第一，压力就减轻了许多，加上老师和同学很支持我，所有的精力也就投入学习中了。"邹英杰告诉记者，当时重新高考，他没有太在意别人的想法，知道自己需要什么，"这次高考，自己还是发挥出了正常水平。"

王琛琪说："去年高考，考了 678 分，进入了北大医学部，报志愿的时候自己就很纠结，因为从小一直就没有考虑过要学医。去年第一志愿填的清华，所以第二志愿不够北大临床，但是不想放弃北大，就去了医学部，选了药学。但开学一个月后，就觉得自己不适应这个专业，同时自己高考分数又达不到北大规定的换专业条件，于是选择了退学。"

（资料来源：晏扬．大学生转专业为何这样难？ [N]．长沙晚报,2016-06-30(001).）

二、我的感悟

看了邹英杰、王琛琪的故事，你认为在选择专业的时候要注意什么？

_____

_____

_____

_____

_____

三、活动探索

（一）专业知多少

大学里的专业有 500 多个，令人眼花缭乱，我们在进行专业探索时，一定要仔细、严谨。以下判断题中，哪些是正确的，哪些是错误的，在正确的表述后打"√"，错误的表述后打"×"。最后对照考答案，看看自己对专业了解多少。

（1）"金融工程"专业既要学习数学知识，又要学习与计算机相关的知识。（　　）

（2）"数字媒体技术"专业主要学习与新闻媒体传播相关的知识。（   ）

（3）"环境科学"专业与"环境工程"专业是同类专业。（   ）

（4）"信息管理与信息系统"专业主要学习管理学和与计算机相关的知识。（   ）

（5）"社会工作"专业是"社会学"专业的一个分支。（   ）

（6）"精算学"专业要求学习金融和保险相关的知识。（   ）

参考答案：

（1）√。金融工程是从金融学细分出来的新兴分支专业，是金融学、数学、计算机科学交叉学科。金融工程以数学为工具并借助计算机解决金融产品的定价问题。

（2）×。"数字媒体技术"专业属于工学门类中的"计算机类专业"，主要学习与计算机相关的知识。

（3）×。环境工程是从环境科学专业细分出来的新兴学科，比环境科学专业学习的数学、物理、化学课程更多。环境科学属于理科，偏重理论多一些，环境工程属于工科，侧重实践多一些，毕业生在环境保护机构从事实际工作更多一些。

（4）√。"信息管理与信息系统"专业属于"管理学"门类中的"管理科学与工程类"专业。

（5）√。社会工作是社会学的一个分支，偏重于应用和技术。着眼于社会变革，以助人自助为内容，培养目标是在民政、社保、卫生部门、工青妇社会组织、公益团体等机构从事社会保障、社会服务、政策研究工作的高级专门人才。

（6）√。"精算学"属于"经济学门类"中的"金融学类"专业，主要学习金融、保险、数学等相关的知识。

（二）专业初探

在初步确定了自己感兴趣的学科门类和学科大类之后，选择自己最心仪的专业进行深入的探索，并回答以下问题。

（1）我的兴趣代码是？与此代码相匹配的专业有？

（2）我最感兴趣的专业是？

_____

（3）该专业属于哪个学科门类？

_____

_____

（4）该专业的核心课程有哪些？

_____

_____

（5）与该专业相关的专业有哪些？各自学习的侧重点是什么？

_____

_____

（6）该专业的发展前景如何？对社会和自身生活有什么价值？

_____

_____

（7）该专业毕业后能从事哪些工作？就业率如何？

_____

_____

（8）该专业适合什么样的人学习？有哪些具体的素质要求？如何才能学好该专业？

_____

_____

_____

_____

四、生涯知识

（一）学科门类

1. 什么是学科门类

《普通高等学校本科专业目录（2012年）》是高等教育工作的基本指导性文件之一。它规定专业划分、名称及所属门类，是设置和调整专业、实施人才培养、安排招生、授予学位、指导就业、进行教育统计和人才需求预测等工作的重要依据。

本课程中的学科门类、专业分类就是基于《普通高等学校本科专业目录（2012年）》进行介绍的。

2.学科门类怎么用

（1）当你选科时

评估你的学科能力，利用兴趣测验或其他与生涯有关的测评工具，对照学科门类介绍，选出你感兴趣的学科门类、专业类别，即可分析出适合你的类组和选考科目。

（2）当你要选专业时

利用兴趣量表结果，评估你的优势学科后，对照学科门类介绍，选出你感兴趣的学科门类、专业类，这时需要考虑高考成绩，可以参考往年录取分数。

3.十二学科门类介绍

（1）哲学。哲学学科门类包含1个专业门类：哲学类。共4个专业。

哲学学科门类各专业主要培养具有一定马克思主义哲学理论素养和系统的专业基础知识，有进一步培养潜质的哲学专门人才，能在国家机关、文教事业、新闻出版、文化企业等部门从事实际工作的应用型、复合型高级专门人才。哲学学科门类各专业学生主要学习马克思主义的基本理论与历史，社会科学、自然科学、思维科学及文化方面的基础知识，接受中西方哲学的基本理论和发展线索的系统教育、创造性思维的培养和业务能力的训练。

（2）经济学。经济学学科门类包含4个专业门类：经济学类、财政学类、金融学类和经济与贸易类。共17个专业。

经济学学科门类是研究经济发展规律的学科。经济学学科门类各专业主要培养具备比较扎实的马克思主义经济学理论基础，熟悉现代西方经济学理论，比较熟练地掌握经济学、财政学、金融学和国家贸易等领域知识，具有向经济相关领域扩展渗透的能力，能在综合经济管理部门、政策研究部门、财政金融机构和企业从事经济分析、预测、规划、管理和贸易工作的高级专门人才。经济学学科门类各专业要求学生系统掌握经济学基本理论和相关的基础专业知识，了解市场经济的运行机制，熟悉党和国家的经济方针、政策和法规，了解中外经济发展的历史和现状，了解经济学的学术动态，具有运用数量分析方法和现代技术手段进行社会经济调查、经济分析和实际操作的能力，具有较强的文字和口头表达能力。

（3）法学。法学学科门类包含 6 个专业门类：法学类、政治学类、社会学类、民族学类、马克思主义理论类和公安学类。共 32 个专业。

法学学科门类各专业主要培养系统掌握法学知识，熟悉我国法律和党的相关政策，能在国家机关、企事业单位和社会团体特别是能在立法机关、行政机关、检察机关、审判机关、仲裁机构和法律服务机构从事法律工作的高级专门人才。法学学科门类各专业学生主要学习法学的基本理论和基本知识，受到法学思维和法律实务的基本训练，能理论联系实际地分析问题，具有运用法学理论和方法分析问题，运用法律管理事务、解决问题的基本能力。

（4）教育学。教育学学科门类包含 3 个专业门类：教育学类、心理学类、体育学类。共 17 个专业。

教育学学科门类各专业主要培养具有良好思想道德品质、较高教育理论素养和较强教育实际工作能力的中、高等师范院校师资、中小学校教育科研人员、教育科学研究单位研究人员、各级教育行政管理人员和其他教育工作者。教育学学科门类各专业学生主要学习教育科学的基本理论和基本知识，受到教育科学研究的基本训练，掌握从事教育工作的基本技能。

（5）文学。文学学科门类包含 3 个专业门类：中国语言文学类、外国语言文学类、新闻传播学类。共 71 个专业。

文学学科门类各专业主要培养具备一定的文艺理论素养和系统的中外语言文学知识，能在新闻文艺出版部门、高校、科研机构和机关企事业单位从事文学评论、中外语言文学教学与研究、文化传播等工作，有扎实的中外语言基础和比较广泛的科学文化知识，能胜任文化、教育、宣传方面的实际工作的高级专门人才。文学学科门类各专业学生主要学习汉语和外国语言文学方面的系统知识和专业技能，受到文学理论、发展历史、文化交流等方面的系统教育和业务能力的基本训练。

（6）历史学。历史学学科门类包含 1 个专业门类：历史学类。共 4 个专业。

历史学学科门类专业培养具有一定的马克思主义基本理论和系统的专业基本知识，了解人类文明的一般发展历程和世界历史研究的基本方法，能在国家机关、文教事业、外交外贸、新闻出版、国际交流、文博档案及各类企事业单位从事实际工作的应用型、复合型高级专门人才。历史学学科门类各专业学生主要学习历史科学的基本理论和基本知识，接受中国历史和世界历史发展的基本史实及史学研究的基本训练，具有从事专业工作所需的基本能力。

（7）理学。理学学科门类包含 13 个专业门类：数学类、物理学类、化学类、天文学类、地理科学类、大气科学类、海洋科学类、地球物理学类、地质学类、生物科学类、系统理论类、统计学类和力学类。共 36 个专业。

理学学科门类专业主要培养掌握理学类各学科的基本理论与基本方法，具备运用本学科知识解决实际问题的能力，能在科技、教育和经济部门从事研究、教学工作或在生产经营及管理部门从事实际应用、开发研究和管理工作的高级专门人才。理学学科门类各专业要求学生注重实践和应用能力，主要学习各大类学科的基础理论、基本方法，受到科学思维和科学实验的训练以及实践性锻炼，具有较好的科学素养，初步具备科学研究、教学、解决实际问题的基本能力。

（8）工学。工学学科门类包含 32 个专业门类：工程力学类、机械类、仪器仪表类、材料类、能源动力类、电气类、电子信息类、自动化类、计算机类、土木类、水利类、测绘类、化工与制药类、地质类、矿业类、纺织类、轻工类、交通运输类、海洋工程类、航空航天类、武器类、核工程类、农业工程类、林业工程类、环境科学与工程类、生物医药工程类、食品工程类、建筑类、安全科学与工程类、生物工程类、公安技术类、交叉类。共 157 个专业。

工学是我国大学最大的学科门类，各类工学人才直接推动着我国的经济建设和工程技术的发展。工学学科门类专业主要从事应用基础研究和应用研究，各专业结合大量的试验工作和实践实验过程，培养具有良好的科学素养，系统地、较好地掌握各专业基本理论、基本知识和基本技能与方法的科技应用型人才，能在工业生产第一线、科研部门、教育单位以及企业、事业、技术和行政管理部门等单位从事各科学研究、管理实践、设计制造、科技开发和经营销售等方面工作的高级工程技术人才。

（9）农学。农学学科门类包含 7 个专业门类：植物生产类、自然保护与环境生态类、动物生产类、动物医学类、林学类、水产类、草学类。共 25 个专业。

农学学科门类各专业是研究与农作物生产相关领域的科学，包括作物生长发育规律及其与外界环境条件的关系、病虫害防治、土壤与营养、种植制度、遗传育种等领域。农学是研究农业发展的自然规律和经济规律的科学，涉及多种科学，具有综合性。在农业生产发展需求的推动下，当前农业科学不论在微观或宏观领域里都在继续向前发展。农学学科门类各专业主要培养具备农业科学方面的基本理论、基本知识和基本技能，能在农业及其他相关的部门或单位从事与农业有关的技术与设计、推广与开发、经营与管理、教学与科研等工作的高级科学技术人才。

（10）医学。医学学科门类包含 11 个专业门类：基础医学类、临床医学类、口腔医学类、公共卫生与预防医学类、中医学类、中西医结合类、药学类、中药学类、法医学类、医学技术类和护理学类。共 36 个专业。

　　医学学科门类各专业主要是研究医疗健康和公共卫生的科学，分为现代医学（西医学）和传统医学（中医学、藏医学、蒙医学等）。两者在形式上的融合又形成了第三种医学——中西医结合医学。医学学科门类专业主要培养具备自然科学、生命科学和医学卫生科学基本理论知识和实验技能，能够在高等医药院校、医院、医药科研机构、企事业单位从事医药卫生科学的教学、科学研究及基础与临床相结合的医学实验研究工作的医学高级专门人才。医学学科门类各专业的学生主要学习生命科学、医学、药学等学科的基本理论知识，接受人类卫生保健及疾病的预防、诊断、鉴定、检测、治疗方面的基本训练，具备对病因、发病机制做出分类鉴别的能力。

　　（11）管理学。管理学学科门类包含8个专业门类：管理科学与工程类、工商管理类、农业经济管理类、公共管理类、图书情报与档案管理类、物流管理与工程类、工业工程类、服务业管理类。共42个专业。

　　管理学学科门类各专业是研究管理活动的基本规律和一般方法的科学，是一门综合性的交叉学科，研究在现有的条件下，如何通过合理的组织和配置人、财、物等因素，提高生产力水平。管理学学科门类各专业通过实证分析、规范分析、图表分析、经济计量、系统分析等途径，使学生具备管理、经贸、建设、法律及营销等方面的知识和能力，能在企事业单位从事生产、经营、教学、科研、规划、设计、评价和创新服务等方面的工作，并进行分析决策和组织实施。

　　（12）艺术学。艺术学学科门类包含5个专业门类：艺术学理论类、音乐与舞蹈学类、戏剧与影视学类、美术学类和设计学类。共28个专业。

　　2011年4月召开的国务院学位委员会新年会议一致通过将艺术学科独立成艺术学门类。长期以来，艺术学一直作为文学门类之下的一级学科。艺术学从文学门类中分离，标志着艺术学已成为与自然科学学科互补共进的人文学科的重要组成部分，是对我国艺术学科发展成绩的肯定。艺术学是一门研究人类以艺术方式把握世界的独特规律的学科。艺术学学科门类专业主要培养具备美术、设计、音乐、表演、舞蹈等艺术基础理论、基础知识、基本技能，具有扎实的艺术表现能力和综合实践能力，能在艺术院校、文艺团体、科研机构、出版传媒、广播电视等部门从事艺术理论和实践创作、教学、研究、编辑等方面的工作的应用型高级专门人才。

（资料来源：中华人民共和国教育部高等教育司. 普通高等学校本科专业目录和专业介绍（修订二稿）[M]. 北京：高等教育出版社，2012.）

（二）专业介绍

1.什么是专业

从学业角度来看，专业指的是高等学校或中等专业学校根据科学分工或生产部门的分工把学业分成的门类。这些学校根据国家建设需要和学校性质设置各种专业。各个专业都有独立的教学计划，以体现专业的培养目标及相应的要求。专业也就是高等学校的一个系里或中等专业学校里的学业门类。

根据教育部《普通高考学校本科专业目录》，除了军事学科大类外，总共有12个学科大类，分别是理学、工学、农学、医学、经济学、法学、管理学、艺术学、文学、教育学、历史学、哲学。每个学科大类之下又有细分的小类，每个小类下面又包含具体的专业。

2.了解专业的途径

在当今信息发达时代，我们可以非常方便地借助互联网工具找到各种专业介绍的内容，此外，还可以通过高校招生计划、大学官方网址、学长交流、招生热线、招生咨询现场、大学老师等多种途径获得专业信息。了解专业信息的途径不少，但不能偏听偏信，需要多个途径共同参考。

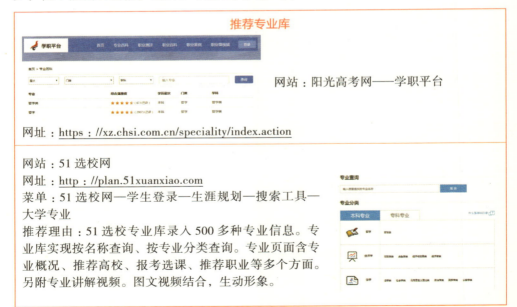

推荐专业库

网站：阳光高考网——学职平台

网址：https://xz.chsi.com.cn/speciality/index.action

网站：51选校网
网址：http://plan.51xuanxiao.com
菜单：51选校网—学生登录—生涯规划—搜索工具—大学专业
推荐理由：51选校专业库录入500多种专业信息。专业库实现按名称查询、按专业分类查询。专业页面含专业概况、推荐高校、报考选课、推荐职业等多个方面。另附专业讲解视频。图文视频结合，生动形象。

3. 专业内容要素

了解到某个专业，一般要了解专业的内涵、报考要求、课程设置、就业方向等信息。

（1）了解专业的内涵。每个高校每年的招生专业从十几个到几十个不等。不少专业的名称并不能直接反映出专业的实质和将来的职业。比如，"计算机科学与技术"和"信息与计算机科学"这两个专业的名称很相似，但是一个属于工学电气信息类，另一个属于理学数学类，不论是主修课程还是将来的就业领域都不一样。了解专业类以及各类中有哪些专业，把握专业的整体情况，才能对所选专业有理性的认识。了解专业内涵可通过高校的招生简章和学校招生网上关于专业的介绍了解，也可从《普通高等学校本科专业目录（2012 年）》查询了解。

（2）了解专业的报考要求。新高考改革对普通高校的招生提出了新要求，所以大家在了解专业的时候，还应多注意各个专业对选考科目的要求，同时要注意到不同高校同一专业对选考科目的要求也会存在不同。有些专业因为性质特殊，对考生有明确的特别要求，在了解专业的时候也是需要注意的。比如，艺术类、体育类、军事类专业等对身体条件有一定要求。

（3）了解专业的课程设置。了解一个专业首先可以了解它的课程设置。专业课程一般包括公共课、专业基础课、专业课、选修课等。其中，专业基础课和专业课是一个专业的核心课程，从中可基本了解该专业的培养方向，即在大学期间要学习哪些内容，这些内容会应用到哪些行业，这些内容有什么能力要求，等等。除了专业的课程设置情况，考生家长还要了解各专业的学习年限，虽然大部分本科专业都是四年制，但有少数专业的学习年限有所不同，比如，医学类专业一般需要学习 5～8 年。了解专业的学习年限，可以在报考时有充分的心理准备。

（4）了解专业的就业方向与就业情况。在选择专业时必须认真了解该专业毕业后可以从事哪些工作，可以在哪些行业发展。大家在做好专业了解的同时应该对某专业社会需求情况有前瞻性的了解，还要着重了解欲报考院校某专业的就业率及就业质量。要了解所选专业的就业情况，一般可以从教育部公布的专业就业状况、社会调查机构的相关数据、专业所在高校的就业情况、专业行业的统计数据、招聘网站的供求情况等进行信息搜集。

五、生涯拓展

（一）专业选考科目要求

选科是争议和焦点所在。目前，高考改革后的科目设置已基本稳定，为"3门固定科目+3门选考科目"，不分文理。其中，固定科目为语文、数学和外语，考生在6门高中学业水平考试科目（政治、物理、化学、生物、历史、地理，浙江加技术为7门）中选择3门作为选考科目。高校需要按专业对考生的3门选考科目提出相应的要求，因此在高考改革中，高校保有一定的招生自主权，并将以此倒逼，加强专业建设。

教育部于2018年初下发了《普通高校本科招生专业选考科目要求指引（试行）》（以下简称《指引》），给出了12个门类下的92个专业类（其中药学类又分为2个子类，因此可视为共93个专业类）的可选科目和选考要求，为高校专业选科提供了"官方指南"，并已专门下发通知，要求计划于2020年在上海、浙江、北京、天津、山东、海南6个高考改革试点省市招生的所有本科院校在规定时间内按照《指引》要求编报选考科目要求。

《指引》大体上提出了如下指导意见：

（1）专业培养与某一选考科目关联度高的，应在《指引》"可选科目"中明确1个选考科目，考生必须选考该科目方可报考。

（2）专业培养与多个选考科目关联度高的，应在《指引》"可选科目"中指定2个或3个选考科目，同时要明确选考要求为考生"均须选考"。

（3）专业培养与多个选考科目有一定关联度的，应在《指引》"可选科目"中指定2个或3个选考科目，同时要明确选考要求为考生"选考其中1门即可"。

（4）专业培养对学生学科基础要求相对较宽的，可以不提科目要求，考生选择任意3门选考科目组合均可报考。

（5）各专业选考科目要求均须在《指引》范围内确定，如需突破《指引》范围，须作专门说明。

教育部允许高校提出2～3个考生"均须选考"的科目，这样做可以说是总结了浙江、上海试点的经验教训，有助于避免和克服高校在提出选考科目要求时招生需求和目标生源不匹配、为扩大生源而盲目不设置选考科目限制导致选考科目要求不科学等问题。

在《指引》中，共有 19 个专业类必考物理，占总专业类数的 20.4%。必考物理的 19 个专业类分别来自理学（5 个）、工学（13 个）、管理学（1 个）（表 3-1）。

表 3-1　《指引》中必考物理的专业类

学科门类	本科专业类	内设专业
理学	数学类	数学与应用数学，信息与计算科学，数理基础科学
	物理学类	物理学，应用物理学，核物理，声学
	天文学类	天文学
	大气科学类	大气科学，应用气象学
	地球物理学类	地球物理学，空间科学与技术
工学	力学类	理论与应用力学，工程力学
	机械类	机械工程，机械设计制造及其自动化，材料成型及控制工程，机械电子工程，工业设计，过程装备与控制工程，车辆工程，骑车服务工程，机械工艺技术，微机电系统工程，机电技术教育，汽车维修工程教育
	仪器类	测控技术与仪器
	电气类	电气工程及其自动化，智能电网信息工程，光源与照明，电气工程与智能控制，电机电器智能化，电缆工程
	电子信息类	电子信息工程，电子科学与技术，通信工程，微电子科学与工程，光电信息科学与工程，信息工程，广播电视工程，水声工程，电子封装技术，集成电路设计与集成系统，医学信息工程，电磁场与无线技术，电波传播与天线，电子信息科学与技术，电子工程及管理，应用电子技术教育
	自动化类	自动化，轨道交通信号与控制，机器人工程，邮政工程
	计算机类	计算机科学与技术，软件工程，网络工程，信息安全，物联网工程，数字媒体技术，智能科学与技术，空间信息与数字技术，电子与计算机工程，数据科学与大数据技术，网络空间安全，新媒体技术，电影制作

续　表

学科门类	本科专业类	内设专业
工学	土木类	土木工程，建筑环境与能源应用工程，给排水科学与工程，建筑电气与智能化，城市地下空间工程，道路桥梁与渡河工程，铁道工程
	海洋工程类	船舶与海洋工程，海洋工程与技术，海洋资源开发技术
	航空航天类	航空航天工程，飞行器设计与工程，飞行器制造工厂，飞行器动力工程，飞行器环境与生命保障工程，飞行器质量与可靠性，飞行器适航技术，飞行器控制与信息工程，无人驾驶航空器系统工程
	兵器类	武器系统与工程，武器发射工程，探测制导与控制技术，弹药工程与爆炸技术，特种能源技术与工程，装甲车辆工程，信息对抗技术
	核工程类	核工程与核技术，辐射防护与核安全，工程物理，核化工与核燃料工程
	安全科学与工程类	安全工程
管理学	管理科学与工程类	管理科学，信息管理与信息系统，工程管理，房地产开发与管理，工程造价，保密管理，邮政管理

这 19 个专业只是《指引》划定的一条底线，各高校在制定选考科目要求时，将有更多的专业类被限定为必考物理，尤其是高水平大学和高水平专业。

93 个专业类的选考要求中提及最多的科目是物理，共被 60 个专业类提及（不含允许无要求的专业类），占专业类总数的 64.5%；化学被 58 个专业类提及，占 62.4%；生物被 29 个专业类提及，占 31.2%；政治、历史、地理三科只被 3 ～ 5 个专业类提及，仅占 3.2% ～ 5.4%。

特别提醒考生、家长和老师注意的是，具体的选科要求一定要以所在省份的官方机构以及选报的大学公布的选考科目为准。

（二）专业数据连连看

表 3-2 所示为 2015—2017 届本科各学科门类大学生毕业半年后的月收入。由此可以看出，在 2017 届本科学科门类中，毕业生毕业半年后月收入最高的是工学（5 067 元），最低的是历史学（4 023 元）。

表3-2　2015—2017届本科各学科门类大学生毕业半年后的月收入（元）

本科学科门类名称	2017 届	2016 届	2015 届
工学	5 067	4 676	4 313
经济学	4 889	4 528	4 186
理学	4 720	4 453	4 055
文学	4 633	4 288	3 879
管理学	4 613	4 240	3 969
艺术学	4 465	4 120	3 880
法学	4 382	4 119	3 814
农学	4 346	3 872	3 649
教育学	4 251	3 981	3 698
医学	4 198	3 766	3 462
历史学	4 023	3 807	3 498
全国本科	4 774	4 376	4 042

（三）专业预警

1. 红牌专业

失业量较大，就业率、月收入和就业满意度综合较低的专业为高失业风险型专业。

2. 黄牌专业

除红牌专业外，失业量较大，就业率、月收入和就业满意度综合较低的专业。

3. 绿牌专业

失业量较小，就业率、月收入和就业满意度综合较高的专业为需求增长型专业。

出现红、黄牌专业的原因既可能是供大于求，也可能是培养质量达不到岗位要求，这是导致大学毕业生找不到工作与企业招不到人才的原因之一。表3-3所示为2018年本科"红黄绿牌"专业。

表3-3　2018年本科"红黄绿牌"专业

红牌专业	黄牌专业	绿牌专业
绘画	生物技术	信息安全
化学	生物工程	软件工程
美术学	应用心理学	网络工程
音乐表演	广播电视编导	物联网工程
法学	生物科学	数字媒体技术
历史学		通信工程
		数字媒体艺术

第 2 节 走近大学

 一、生涯人物故事

 辽宁文科状元放弃港大回高中复读：北大更适合

刘丁宁曾是辽宁省的一名高中生，她是 2013 年和 2014 年两届辽宁省高考文科状元。2013 年高考，刘丁宁考了 668 分，为辽宁高考文科状元，被香港大学以全额奖学金录取。

2013 年 10 月，刘丁宁离开香港大学重回母校复读，只为追寻纯粹国学。2014 年高考，刘丁宁以 666 分的成绩获得辽宁省高考文科最高分，进入北京大学中文系读书。

各方观点

■ 刘丁宁母校校长：追寻更纯粹的国学

刘丁宁选择回到母校复读，主观上是她想追寻更纯粹的国学，觉得到北京大学中文系可能更适合自己对学业的追求；客观上，香港大学网上学习时间比较长，刘丁宁的眼睛不太能适应。

■ 专家：放弃和坚持都是一种勇气

辽宁省社会科学院研究员张思宁女士称，刘丁宁的选择其实是在不同文化氛围和环境下理想和现实冲突的结果。首先，环境的冲突，在陌生环境下每个人都有心理不适应、想要回家的感觉。其次，文化的冲突，香港和内地的文化氛围不一样，可能与个人的理想反差很大。最后，能上北京大学、清华大学一直是内地学子的光荣梦想，这种长期的社会导向也是影响选择的重要因素。而从刘丁宁个人角度来看，她想追寻更纯粹的国学，从语言环境、人文氛围来看，当然会觉得在北京大学才是和"我们"一样的。

张研究员说，刘丁宁的选择说明她懂得放弃，这是一种勇气，而且她有能力去追求自己的梦想，这更值得尊重。不过，张研究员也建议，对于有选择的人来说，在懂得放弃的同时，应该懂得坚持，坚持更是一种勇气，毕竟放弃也是要有成本和代价的。此外，刘丁宁的选择有些匆忙，还是应该注重调整理想和现实的冲突。

■ 北京大学回应

北京大学宣传部部长、新闻发言人（原任中文系党委书记）蒋朗朗回应称，已经关注到刘丁宁的情况，选择北大是孩子自己的兴趣，至于来北大能不能求仁得仁，也要看她自己。

中文系副系主任金永兵表示，对于青年一代，兴趣是最好的老师，尤其在大学阶段，因为大学学习的是能力，不同于高中的应试教育，学生乐在其中最重要。在专业的选择上，家长和老师应该尊重学生的第一兴趣。

（资料来源：王垚烽．"学霸"or追梦人，更该关注哪个？ [N]．科技日报，2014-07-01(007)．）

二、我的感悟

读了刘丁宁的故事，你认为促使她从香港大学退学重回高中复读的主要因素是什么？

_____

_____

在各方对刘丁宁的评价中，你最赞同谁的观点，为什么？

_____

_____

_____

三、活动探索

活动一：影响选择大学的因素

同学们，在你们选择大学时，都会考虑哪些因素呢？请在下面的 20 种因素中勾选出你选择大学时最看重的 5 种因素，并进行排序。

☐城市资源	☐综合排名	☐校风校史	☐生源构成	☐交流机会
☐校区环境	☐办学水平	☐师资力量	☐男女比例	☐就业机会
☐地理气候	☐学科优势	☐硬件设施	☐社团活动	☐考研机会
☐风俗习惯	☐社会知名度	☐图书馆资源	☐校友资源	☐留学氛围

我最看重的因素是＿＿＿＿，理由是＿＿＿＿＿＿＿＿＿＿＿＿＿＿＿＿＿。

我第二看重的因素是＿＿＿＿，理由是＿＿＿＿＿＿＿＿＿＿＿＿＿＿＿＿。

我第三看重的因素是＿＿＿＿，理由是＿＿＿＿＿＿＿＿＿＿＿＿＿＿＿＿。

我第四看重的因素是＿＿＿＿，理由是＿＿＿＿＿＿＿＿＿＿＿＿＿＿＿＿。

我第五看重的因素是＿＿＿＿，理由是＿＿＿＿＿＿＿＿＿＿＿＿＿＿＿＿。

我还看重的其他因素有＿＿＿＿＿＿＿＿＿＿＿＿＿＿＿＿＿＿＿＿＿＿＿。

活动二：我的大学探索

通过活动一，同学们了解影响大学选择的外部因素后，下面请同学选择一所心仪的大学，对它进行深入的探索。

学校的概况：＿＿＿＿＿＿＿＿＿＿＿＿＿＿＿＿＿＿＿＿＿＿＿＿＿＿＿＿

＿＿＿＿＿＿＿＿＿＿＿＿＿＿＿＿＿＿＿＿＿＿＿＿＿＿＿＿＿＿＿＿＿＿＿。

学校的历史与文化：＿＿＿＿＿＿＿＿＿＿＿＿＿＿＿＿＿＿＿＿＿＿＿＿＿

＿＿＿＿＿＿＿＿＿＿＿＿＿＿＿＿＿＿＿＿＿＿＿＿＿＿＿＿＿＿＿＿＿＿＿。

学校的办学特色：＿＿＿＿＿＿＿＿＿＿＿＿＿＿＿＿＿＿＿＿＿＿＿＿＿＿

＿＿＿＿＿＿＿＿＿＿＿＿＿＿＿＿＿＿＿＿＿＿＿＿＿＿＿＿＿＿＿＿＿＿＿。

学科设置和实力排名：＿＿＿＿＿＿＿＿＿＿＿＿＿＿＿＿＿＿＿＿＿＿＿＿

＿＿＿＿＿＿＿＿＿＿＿＿＿＿＿＿＿＿＿＿＿＿＿＿＿＿＿＿＿＿＿＿＿＿＿。

学校的类型与隶属关系：＿＿＿＿＿＿＿＿＿＿＿＿＿＿＿＿＿＿＿＿＿＿＿

＿＿＿＿＿＿＿＿＿＿＿＿＿＿＿＿＿＿＿＿＿＿＿＿＿＿＿＿＿＿＿＿＿＿＿。

学校的奖学金制度：＿＿＿＿＿＿＿＿＿＿＿＿＿＿＿＿＿＿＿＿＿＿＿＿＿

＿＿＿＿＿＿＿＿＿＿＿＿＿＿＿＿＿＿＿＿＿＿＿＿＿＿＿＿＿＿＿＿＿＿＿。

学校的毕业生就业率：＿＿＿＿＿＿＿＿＿＿＿＿＿＿＿＿＿＿＿＿＿＿＿＿

＿＿＿＿＿＿＿＿＿＿＿＿＿＿＿＿＿＿＿＿＿＿＿＿＿＿＿＿＿＿＿＿＿＿＿。

学校的科研成果：＿＿＿＿＿＿＿＿＿＿＿＿＿＿＿＿＿＿＿＿＿＿

＿＿＿＿＿＿＿＿＿＿＿＿＿＿＿＿＿＿＿＿＿＿＿＿＿＿＿＿＿＿。

你还想了解的其他方面有：＿＿＿＿＿＿＿＿＿＿＿＿＿＿＿＿＿

＿＿＿＿＿＿＿＿＿＿＿＿＿＿＿＿＿＿＿＿＿＿＿＿＿＿＿＿＿＿。

你是通过哪些方式进行大学探索的：＿＿＿＿＿＿＿＿＿＿＿＿。

大学探索还有哪些途径：＿＿＿＿＿＿＿＿＿＿＿＿＿＿＿＿＿

＿＿＿＿＿＿＿＿＿＿＿＿＿＿＿＿＿＿＿＿＿＿＿＿＿＿＿＿＿＿。

四、生涯知识

（一）大学概况

我国高校数量众多，达几千所，而且类型多样，你能讲出几所大学名字吗？恐怕能说出十几所高校名称的同学为数不多。据 2017 年教育部的统计数据，普通高等学校就有 2 631 所，由 1 243 所本科院校和 1 388 所高职院校构成；1 243 所本科院校又由 817 所公办本科院校、417 所民办本科院校以及 9 所中外合作本科院校构成（图 3-1）。

图 3-1　大学分类图

这些学校按照不同的分类标准又有不同的分类结果。

1. 从院校层次上分

我国高校可分为"211"和"985"工程院校、各省重点本科院校、各省普通本科院校、独立学院及民办本科院校、专科高职学校。另外，教育部等三部委在 2017 年 9 月公布了世界一流大学和一流学科建设高校及建设学科名单，这也成为院校分类的新指标。

2.按科研规模划分：大学由"类"和"型"两种元素组成

按科研规模的大小，将大学分为研究型、研究教学型、教学研究型、教学型四种类型。比如，北京大学按科研规模属于研究型，按各专业比例属于综合类。所以，北京大学的类型是综合类研究型，简称综合研究型。

3.从院校专业特色（比例）上分

按院校专业特色分，我国高校可分为综合类、工科类、农林类、林业类、医药类、师范类、语言类、财经类、政法类、体育类、艺术类、民族类、军事类共13类。

4.从隶属关系上划分高校

所谓隶属关系，即某所高校由哪个部门主管。20世纪50年代初期，很多高校由部委和地方分别管理，通常分为教育部所属高校、中央部委所属高校和地方所属高校三种类型。1992年后，部门办学的趋势减弱，中央和地方两级办学的新格局逐步形成。目前，我国高校大体分为两种：中央部属高校、地方所属高校。

中央部属高校是指国务院组成部门及其直属机构在全国范围内直属管理的一批高等院校。目前，全国共有中央部委直属高校100多所。地方所属高校（省属高校）是指隶属各省、自治区、直辖市、港澳特区，大多数靠地方财政，由地方行政部门划拨经费的普通高等学校。省属高校占我国高校总数的绝大多数。

（二）大学学习内容

大学的学习内容多样，同高中时期的学习内容有较大差异。大学的学习内容大体可以分为两大块：一是正式课程，如必修课程、选修课程和第二专业课程；二是非正式课程。必修课程又有公共必修课和专业必修课，选修课程有公共选修课和专业选修课。第二专业课程主要是除了本专业之外的，学生可以申请选择研修的第二个专业的课程。

非正式课程主要是社团活动、志愿服务学习、打工实习以及其他。大学的社团各种各样，参与社团活动可以学习到书本上没有的内容。

（三）大学多元发展

大学为学生提供了开放、自主的文化氛围，进入大学后，学生有更多的机会在学习、休闲活动和打工过程中进行自我探索、角色探索和职业探索，通过多种途径实现自我发展。

大学中多元发展自我的途径有以下几种：

1. 专注学业

大学学习是自修之道。大学毕业生要适应瞬息万变的未来世界，必须在大学期间开始培养思考的方法、举一反三的能力，激发自我潜在的思考能力、创造能力和学习能力。

2. 职业志趣

丘吉尔说："能使个人工作和志趣结合的人是真正幸运的人。"研究表明，大多数大学生对自己所学的专业不满意。这就要求学生在大学阶段了解自己的职业志趣，确定自己的职业方向。

3. 社会实践

大学生活为大学生提供了丰富多样的社会实践机会，如假期实习、公益活动、培训活动、打工、家教等。不同的社会实践活动带给学生的能力提升也是不一样的，学生在参加社会实践时要充分考虑自己的需求，这样才能有最大的收获。

4. 人际关系

走上工作岗位后与人相处的能力会变得越来越重要，甚至超过了工作本身。所以，学生在大学生活中要培养自己的交流意识和团队精神，要学会与不同的人相处及合作，学习如何与他人交流沟通。

◆ 五、生涯拓展

（一）九校联盟简介

九校联盟（C9）是中国首个顶尖大学间的高校联盟，于2009年10月启动。联盟成员是国家首批985重点建设的9所一流大学，包括北京大学、清华大学、复旦大学、上海交通大学、南京大学、浙江大学、中国科学技术大学、哈尔滨工业大学、西安交通大学共9所高校。

九校联盟形式类似美国常春藤联盟、英国罗素大学集团、澳大利亚八校集团等，目的是在人才培养、科学研究等领域加强合作与交流，优势互补，被国际上称为中国常春藤盟校。九校联盟成立后展开了多项实质性活动，如互派交换生、召开研讨会、开展暑期夏令营等。

（二）"双一流"大学简介

"双一流"是指世界一流大学和一流学科建设。2015 年 10 月 24 日，国务院印发《统筹推进世界一流大学和一流学科建设总体方案》，要求按照"四个全面"战略布局和党中央、国务院决策部署，坚持以中国特色、世界一流为核心，以立德树人为根本，以支撑创新驱动发展战略、服务经济社会发展为导向，坚持"以一流为目标、以学科为基础、以绩效为杠杆、以改革为动力"的基本原则，加快建成一批世界一流大学和一流学科。

1. 一流大学建设高校 42 所

（1）A 类 36 所。北京大学、中国人民大学、清华大学、北京航空航天大学、北京理工大学、中国农业大学、北京师范大学、中央民族大学、南开大学、天津大学、大连理工大学、吉林大学、哈尔滨工业大学、复旦大学、同济大学、上海交通大学、华东师范大学、南京大学、东南大学、浙江大学、中国科学技术大学、厦门大学、山东大学、中国海洋大学、武汉大学、华中科技大学、中南大学、中山大学、华南理工大学、四川大学、重庆大学、电子科技大学、西安交通大学、西北工业大学、兰州大学、国防科技大学。

（2）B 类 6 所。东北大学、郑州大学、湖南大学、云南大学、西北农林科技大学、新疆大学。

2. 一流学科建设高校 95 所

北京交通大学、北京工业大学、北京科技大学、北京化工大学、北京邮电大学、北京林业大学、北京协和医学院、北京中医药大学、首都师范大学、北京外国语大学、中国传媒大学、中央财经大学、对外经济贸易大学、外交学院、中国人民公安大学、北京体育大学、中央音乐学院、中国音乐学院、中央美术学院、中央戏剧学院、中国政法大学、天津工业大学、天津医科大学、天津中医药大学、华北电力大学、河北工业大学、太原理工大学、内蒙古大学、辽宁大学、大连海事大学、延边大学、东北师范大学、哈尔滨工程大学、东北农业大学、东北林业大学、华东理工大学、东华大学、上海海洋大学、上海中医药大学、上海外国语大学、上海财经大学、上海体育学院、上海音乐学院、上海大学、苏州大学、南京航空航天大学、南京理工大学、中国矿业大学、南京邮电大学、河海大学、江南大学、南京林业大学、南京信息工程大学、南京农业大学、南京中医药大学、中国药科大学、南京师范大学、中国美术学院、安徽大学、合肥工业大学、福州大学、南昌大学、河南大学、中国地质大学、武汉理工大学、华中农业大学、华中师范大学、中南财经政法大学、湖南师范大学、暨南大学、广州中医药大学、华南师范大学、海南大学、广西大学、西南交通大学、西南石油大学、成都理工大学、四川农业大学、成都中医药大学、西南大学、西南财经大学、贵州大学、西藏大学、西北大学、西安电子科技大学、长安大学、陕西师范大学、青海大学、宁夏大学、石河子大学、中国石油大学、宁波大学、中国科学院大学、第二军医大学、第四军医大学。

（三）"双一流"院校与非"双一流"院校毕业生去向调查

图 3-2、图 3-3 所示为 2015—2017 届"双一流"院校和非"双一流"院校毕业生毕业半年后去向分布变化。

图 3-2　2015—2017 届 "双一流"院校毕业生毕业半年后去向分布变化图

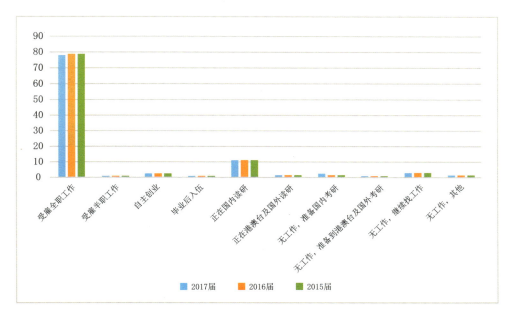

图 3-3 2015—2017 届非"双一流"院校毕业生毕业半年后去向分布变化图

（资料来源：麦可思研究院 . 2018 年中国本科生就业报告 [M]. 北京：社会科学文献出版社，2018.）

第 3 节　职业探索

 一、生涯人物故事

　时刻把患者放心中——杨宏毅

厦门大学附属第一医院主任医师杨宏毅系同安一中 1994 届校友、十佳医生、硕士生导师、福建省医学会妇产科分会青年委员会委员、福建省医学会妇产科分会内分泌学组委员、福建省糖尿病分会肥胖学组委员、福建省海峡肿瘤防治科技交流协会理事，从事妇产科临床工作、内分泌及生殖医学工作，擅长宫腔镜、腹腔镜等微创手术，对妇科内分泌有极为深入的研究。

■妇产科最适合自己

说起立志从医的原因，杨宏毅记忆犹新。小学一次发高烧时的就医体验让她感受到，医生是个神奇又神圣的职业，可以解除他人的痛苦，还能让人恢复健康，而且杨宏毅出身于医药世家。于是，高中毕业后，她选择报考福建医科大学。2002 年，杨宏毅进入厦门大学附属第一医院妇产科工作。

在杨宏毅看来，妇产科糅合了外科和内科的特点，既需要像内科一样缜密地分析鉴别，又要动手做手术，这对喜欢动手又喜欢思考的她来说再适合不过。

如今，杨宏毅是第一医院妇产科副主任，兼任第一医院杏林分院妇产科负责人，又肩负着帮助灌口医院妇产科成立医联体的责任。她平时一边在第一医院总院、杏林分院和灌口医院三头跑，一边攻读南方医科大学的博士学位，还即将去北京进修。她认为，医生必须不断学习，才能更好地服务患者。

■患者利益最重要

杨宏毅虽然每天都很忙碌，但一直充满激情。患者的利益对她来说是最重要的。

有一次，一名羊水栓塞的产妇进了 ICU。杨宏毅当时是住院总医师，虽然患者不由她主治，但她实时关注着患者，还根据化验结果及时调整治疗方案，在患者身边守了三天三夜，终于将患者从鬼门关拉了回来。

杨宏毅每天下班回家都会回顾当天的工作，思考手术中的哪一步骤是否能够改进、病房病人有什么需要补充处理的、门诊是否有遗漏。若觉得自己没有把用药规则交代清楚，她都会尽可能查到患者的联系方式，给患者说清楚。她还按照病种建立了许多个患者聊天群，仅多囊卵巢综合征的患者群就有 4 个。

（资料来源："福建省同安第一中学"微信公众号）

二、我的感悟

读了校友杨宏毅医生的故事，你是否对医生的工作有了进一步的了解呢？按照时间顺序试想一下杨医生一天的工作内容吧。

_____

_____

_____

_____

_____

三、活动探索

（一）职业大联想

根据下面这幅"工作世界地图"（图 3-4），开展"职业大联想"系列活动。

图 3-4　工作世界地图

1. 列举与手机有关的职业

随着科技进步和社会发展，智能手机的使用已经越来越普遍，中国著名的智能手机品牌有华为、小米、联想、锤子等。同学们知道上述手机公司里都有哪些职业吗？请列举出你能想到的职业，越多越好，并将你的有关联想记录下来。

_____

_____

2. 列举与青少年打交道的职业

请结合你生活中的所见所闻，尽可能多地列举出与青少年打交道的职业。

_____

_____

3. 列举与你喜欢的学科有关的工作

请先写出你喜欢的学科，然后尽可能多地列举出与你喜欢的学科相关的工作。

_____

_____

_____

（二）生涯人物访谈

生涯人物访谈是职业信息搜索的一种重要方法，是通过对一定数量的职场达人的访谈而获取关于一个行业、职业和单位"内部"信息的一种职业探索活动。它有助于学生了解某一职业的实际工作情况，获取相关职业领域的信息，从而初步判断个人是否真对该职业感兴趣。

生涯人物专访表

被访谈人：　　　　被访谈人单位：　　　　被访谈人工作年限：
组长姓名：　　　　小组成员：

　　在初步确定了自己感兴趣的学科门类和学科大类之后，选择自己最心仪的专业进行深入的探索，并完成以下问题。

（1）该工作的职业名称是什么？

_____

（2）该工作的主要工作内容是什么？

_____

（3）常规的工作环境和地点是什么样的？

_____

（4）该行业的薪资及福利如何？

_____

（5）该职业的入门岗位及前景如何？

_____

（6）典型的一天工作是什么样的？

_____

（7）该领域有哪些知名的公司或企业？

_____

（8）该领域有哪些代表性人物？

_____

（9）从事该工作应该具备哪些知识、经验和技能？

_____

（10）什么样的性格和能力更适应该份工作？

_____

（11）从事该工作，个人可以获得哪些成就感？

_____

访谈结束，感谢您的帮助！

四、生涯知识

（一）职业概念

1. 什么是职业

关于职业的定义，每个人都有不同的理解。美国经济学家西奥多·舒尔茨认为，职业是一种为了不断取得个人收入而连续从事的、具有市场价值的特殊活动，这种活动还决定着从业者的社会地位。日本学者保谷六郎认为，职业是有劳动能力的人为生活而发挥个人能力、向社会做贡献的连续活动。

我国学者比较认同的职业定义是这样的：人们为了谋生和发展而从事的具有相对稳定的经济收入、特定类别的社会劳动。

2. 职业特征

（1）职业的社会属性。职业是人类在劳动过程中的分工现象，它体现的是劳动力与劳动资料之间的结合关系，也体现出了劳动者之间的关系，劳动产品的交换体现的则是不同职业之间的劳动交换关系。这种劳动过程中结成的人与人的关系无疑是社会性的，他们之间的劳动交换反映的是不同职业之间的等价关系，这反映了职业活动、职业劳动成果的社会属性。

（2）职业的规范性。职业的规范性包含两层含义：一是指职业内部的操作规范性；二是指职业道德的规范性。不同的职业在其劳动过程中都有一定的操作规范性，这是保证职业活动的专业性要求。当不同职业在对外展现其服务时，还存在一个伦理范畴的规范性，即职业道德。这两种规范性构成了职业规范的内涵与外延。

（3）职业的功利性。职业的功利性也叫职业的经济性，是指职业作为人们赖以谋生的劳动过程中所具有的逐利性一面。职业活动中既满足职业者自己的需要，也满足社会的需要，只有把职业的个人功利性与社会功利性结合起来，职业活动及其职业生涯才具有生命力和意义。

（4）职业的技术性和时代性。职业的技术性指不同的职业具有不同的技术要求，每一种职业往往表现出一定相应的技术要求。职业的时代性指由于科学技术的变化以及人们生活方式、习惯等因素的变化，职业打上了时代的烙印。

3. 职业分类

根据西方国家一些学者提出的理论，国外一般采取以下标准对职业进行分类。

（1）按脑力劳动和体力劳动的性质、层次进行分类。这种分类方法把工作人员划分为白领工作人员和蓝领工作人员两大类。白领工作人员包括专业性和技术性的工作人员、农场以外的经理和行政管理人员、销售人员、办公室人员。蓝领工作人员包括手工艺及类似的工人、非运输性的技工、运输装置机工人、农场以外的工人、服务性行业工人。这种分类方法明显地表现出了职业的等级性。

（2）按心理的个别差异进行分类。根据美国著名的职业指导专家霍兰创立的"人格—职业"类型匹配理论，把人格类型划分为了六种，即现实型、研究型、艺术型、社会型、企业型和常规型。与其相对应的是六种职业类型。

（3）我国职业分类。根据我国不同部门公布的标准分类，我国职业主要有两种类型，其中一种是根据《中华人民共和国职业分类大典》将我国职业归为 8 个大类，66 个中类，413 个小类，1 838 个细类（职业）。这 8 个大类如下。

第一大类：国家机关、党群组织、企业、事业单位负责人，其中包括 5 个中类，16 个小类，25 个细类。

第二大类：专业技术人员，其中包括 14 个中类，115 个小类，379 个细类。

第三大类：办事人员和有关人员，其中包括 4 个中类，12 个小类，45 个细类。

第四大类：商业、服务业人员，其中包括 8 个中类，43 个小类，147 个细类。

第五大类：农、林、牧、渔、水利业生产人员，其中包括 6 个中类，30 个小类，121 个细类。

第六大类：生产、运输设备操作人员及有关人员，其中包括 27 个中类，195 个小类，1 119 个细类。

第七大类：军人，其中包括 1 个中类，1 个小类，1 个细类。

第八大类：不便分类的其他从业人员，其中包括1 个种类，1 个小类，1 个细类。

（二）职业探索途径

1. 职业资料的获得

通过以下几种收集职业资料的方式，可以完整地获得关于职业的主观和客观经验。

（1）书籍或者媒体。讲述职业特征的书，包括从业人员资格条件类型的书，往往涉及对从业人员的学历要求、性格倾向、兴趣、工作性质、工作特点、工作环境、职业级别晋升。

（2）从业人员提供的信息。通过访谈该行业的从业人员，了解这个行业的信息。

（3）实践获得。去不同的职业中进行实践体验，通过亲身参与掌握职业资料。

（4）通过招聘网站和中文职业搜索引擎了解，如 51 选校网。

（5）通过相关机构来了解，如高校就业指导中心等。

2. 职业探索内容

（1）职业名称。职业名称即职业的称谓，它是职业的符号。在一个国家的职业分类大典中，职业名称是该职业的唯一标识。如果你不太确定自己感兴趣的职业名称，可以查阅《中华人民共和国职业分类大典》（以下简称《职业分类大典》）。

（2）职业描述。职业描述是对工作内容的基本描述，包括对工作的主要内容、范围、过程等的一般性描述。《职业分类大典》对各种职业一般都有较为详细的描述。

（3）职业的核心工作内容。职业的核心工作内容即职业的核心工作职责与工作内容。明确职业的核心工作内容，能让我们了解要胜任该职业应具备的工作能力，并找出自己的差距。人们可以通过企业的招聘广告或请教一些行业协会和业内资深人士等途径来了解这项内容。

（4）职业的发展前景及其对社会和生活的影响、作用。职业的发展前景是指国家、社会等对这个职业的需求程度，具体包括职业在国家发展中的作用、职业对社会和大众的影响、职业对生活领域的影响等。职业在国家发展中的作用一般都由劳动部门进行权威预测，但其对社会和生活的影响需要自己去调研，如访问相关的业内资深人士等。

（5）薪资待遇及潜在的收入空间。薪资是大家共同关注的话题。很多人会把薪资多少作为择业的关键考量因素。所以，在考量职业时，我们要重点调研该职业的薪资状况。其实，每一种职业的起薪可能都差不多，但随着个人能力差距的拉大，收入差距也会相应增大。近年来，由于人们对薪资的关注，有关组织或机构还开展了相关调查。另外，不少网友也喜欢在网上晒自己的工资。人们可以通过各种渠道获得自己想了解的职业的薪资情况。

（6）岗位设置及不同行业、企业间的差别。不同行业、企业对岗位的划分和理解是不同的，很可能出现岗位名字相同而工作内容不同的现象。了解职业的岗位设置，能加深人们对职业外延的理解。一般来说，人们可以通过浏览人事部门官方网站、检索《职业分类大典》或咨询业内资深人士等方式了解职业的具体岗位设置情况。

（7）入门岗位及其职业发展通路。入门岗位是指针对应届毕业生的工作。同一职业亦有不同的岗位。一些中低端岗位往往是面向大学应届毕业生的。此外，我们要了解一个岗位对应的日后职业发展通路，还需要知道自己能通过哪些岗位进入这个职业。企业每年都会进校园招聘应届生，我们可以关注一下校园招聘网站。

（8）职业标杆人物。要知道谁是该职业的标杆人物，了解他们的成绩，并研究他们的成功秘诀以及体会他们在成长路上所遇到的坎坷。研究职业标杆人物，可以让自己了解他们的奋斗轨迹，加深自己对该职业的了解，并找到在该职业领域奋斗的途径。我们可以通过浏览网站、翻阅书籍或者咨询业内资深人士等途径了解自己所感兴趣领域的标杆人物。

（9）职业的典型一天。了解职业生活的普通一天，往往需要通过人物访谈的方式才能完成。你要知道这个职业一天的工作流程以及该工作对你个人生活的影响，以此判断自己是否适合这个职业。如果你不想过这样的职业生活，那么建议尽早改变你的职业选择，因此这个过程很关键。

（10）职业通用素质要求及入门所需的具体能力。所谓职业通用素质能力，即胜任这个工作所要具备的能力。通过对该素质的了解，对比观察自己是否能够胜任该工作，并明确自己的弱项和提升空间，进而将之规划到自己的学习生活中。在企业招聘时，每个岗位都清晰地标注了所需的任职资格。我们要将各种要求都整理出来，再结合职业访谈的内容，列出十项最常用的能力，然后与自己一一对照。通过该方法，可以更好地发现和认识自我。

✦ 五、生涯拓展

（一）专业数据连连看——职业期待吻合度

1. 总体职业期待吻合度

职业期待吻合度是指毕业生工作与职业期待吻合的人数百分比。图3-5是2016届、2017届大学毕业生工作与职业期待吻合度。

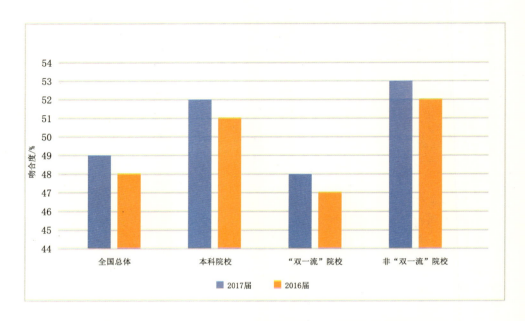

图 3-5　2016 届、2017 届大学毕业生工作与职业期待吻合度

2. 职业期待不吻合原因

图 3-6 是 2016 届、2017 届本科毕业生目前的工作与职业期待不吻合的原因分布。

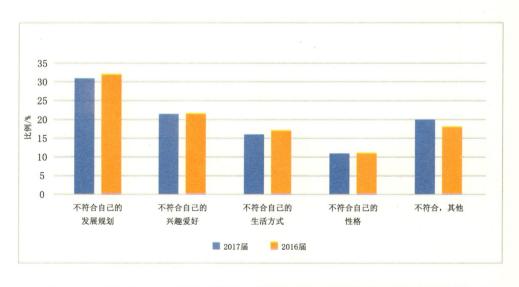

图 3-6　2016 届、2017 届本科毕业生目前的工作与职业期待不吻合的原因分布

3. 主要专业的职业期待吻合度

图 3-7 是 2016 届、2017 届本科各学科门类学生毕业生半年后的职业期待吻合度。

图 3-7　2016 届、2017 届本科各学科门类学生毕业生半年后的职业期待吻合度

（资料来源：麦可思研究院 . 2018 年中国本科生就业报告 [M]. 北京：社会科学文献出版社，2018.）

【参考文献】

[1] 吴志兰 . 中学生职业规划 [M]. 北京：中国市场出版社，2010.

[2] 何一萍 . 让梦想起飞——生涯规划（中学）[M]. 南京：江苏凤凰科学技术出版社，2016.

第四章
综合能力

第 1 节　选科决策

 一、生涯人物故事

 你会怎么选

　　小黄高考分数出来了，她发挥得不错，比一本线高出了 30 分。这本来是件很高兴的事情，可她只是在刚刚知道分数的那一刻很开心，过后却感到无尽的困惑：我要报考什么学校呢？我要学什么专业呢？看看这个不错，看看那个也很好。眼看着截止日期临近，其他同学都选到了自己心仪的学校和专业，小黄却越发焦虑。

　　面对未来的专业选择，不同人的表现可能大不一样。

　　小 A："随便选什么专业好了。反正将来做什么又不一定！"

　　小 B："交给命运吧！让我来抽个签决定一下得了！"

　　小 C："老妈，你不是一直帮我做决定的吗？快来看看吧！"

　　小 D："急什么，急什么！还有两天呢！"

　　小 E："挑两个看着顺眼的好了！"

　　小 F："计算机不错，土木工程也很好，那个环境科学前景应该很好吧……哎呀，我该选哪个呢？这个可是关系到一辈子的大事，必须小心，万一选错了的话，那就可怕了！"

　　小 G："这个事情确实需要谨慎斟酌，我得多方收集信息，好好研究研究再做决定！"

💡 **二、我的感悟**

　　每个人面对需要抉择的事情时，反应是各不相同的。高考结束以后，同学们肯定也要面临这个选择，那么到时候你会像以上哪个人一样呢？

三、活动探索

活动一：重温中考志愿

还记得去年你曾经面临的一次人生重大选择吗？对，就是填报中考志愿的时候。你在做决策的时候，都考虑了哪些因素？

（1）自己的能力、成绩理想等？

（2）家人、老师、同学的期望或建议？

（3）学校的声望、地理位置、师资、文化等？

（4）你后悔这个选择吗？之前做决策时哪些因素没有考虑到？

（5）当时的决策对你现在有什么影响？

很快，在高一结束前，我们又面临一个重大选择，就是选科，选科关系到接下来的高考，这要求我们每个人都必须慎重对待，在权衡利弊后，再做出决定。

活动二：选科决策平衡单

当你面对许多生涯选项而难以抉择时，可以试着使用生涯决策平衡单帮助自己分析哪个选项最适合。现在以选择科目为例，为每个可能的选项"称斤论两"，一起来学习生涯决策的步骤。

生涯决策平衡单步骤如表4-1所示。

表4-1　生涯决策平衡单步骤表

Step1	列出自己未来最想就读的三个科目（或专业），分别为方案一、方案二、方案三
Step2	列出每个方案你曾经考虑过的条件项目，如符合性向、符合兴趣、科目成绩较好、符合家庭期望、社会声望高等。也可以将所考虑的条件项目先进行分类，如分为个人因素、信息因素和环境因素三大类，拓展自己的思考层面与方向，使自己的评估有所依据

139

续　表

Step3	仔细评估各种考虑项目的得失程度和优缺点，从 –5 ～ 5 给分，将分数写在平衡单上。计算各方案的总分，做出高低排序，获得初步决策结果
Step4	若考虑个人主观的重视程度，可进一步执行加权评估，把每个项目的重要性或迫切性纳入考虑，并另行给予加权范围，可自定为 1 ～ 5 倍。例如，觉得"兴趣爱好"应加权 5，便在该项目再"乘以 5"计分。以此类推，重新计算出决策结果
Step5	如果进行了步骤四，则接着可比较与讨论前后两次生涯决策平衡单的结果。特别是当两次结果不同时，请仔细思考不同的理由与其代表的意思

选科决策平衡单如表 4–2 所示。

表 4-2　我的选科决策平衡单

考虑因素	项目	重要性权数（1～5）	政治		历史		地理		物理		化学		生物	
			加权分	原始分	加权分	原始分	加权分	原始分	加权分	原始分	加权分	原始分	加权分	原始分
个人因素	兴趣爱好													
	学习能力													
	现有成绩													
信息因素	未来方向													
	职业类型													
	发展空间													
	竞争压力													

续　表

计分 考虑 因素　项目		重要性 权数 (1～5)	政　治		历　史		地　理		物　理		化　学		生　物	
			加权分	原始分	加权分	原始分	加权分	原始分	加权分	原始分	加权分	原始分	加权分	原始分
信息 因素														
环境 因素	他人建议													
	父母影响													
	同伴影响													
加权后合计														

（1）决策平衡单加权总分，得分最高的三个科目是_____、_____、
_____这结果符合原先自己的预期吗？

（2）你会按这个结果选择吗？会还是不会？为什么？

_____

_____

四、生涯知识

（一）心理冲突视角下的决策选择

心理学中有个"心理冲突"的概念。"心理冲突"的概念和分类有利于我们理解决策选择的困扰。它是指两种或两种以上不同方向的动机、欲望、目标和反应同时出现，由于莫衷一是而引起的紧张情绪。选择利益最大的是最好的结果。心理冲突按形式分为以下四类：

（1）双趋冲突，即通常所说的"鱼与熊掌不可兼得"。选择利益最大的是最好的结果。

（2）双避冲突，即通常所说的"左右两难"。选择危险性最小的是最好的结果。

（3）趋避冲突，即通常所说的"进退两难。两件事物一有利，一有弊，容易抉择。当只有一种选择有利有弊时，选择就比较困难。

（4）双重趋避冲突，即两个目标或情境对个体同时有利和有弊，面对这种情况，当事人往往陷入左右为难的痛苦取舍中，即双重趋避冲突。

例如，单身汉有自由之乐，也有寂寞之苦；结婚有家庭之乐，也有家务之累。又如，在挑选工作时，一个机会是物质待遇优厚而社会地位不高，另一个机会是社会地位高而物质待遇菲薄。

人的生活是多层面的，有家庭的层面、事业的层面，也有社会的层面。在不同层面中遇到的问题都需要个人选择判断。在选择判断时，有的重在感情，有的重在理性，还有的因患得患失而不得不考虑利害关系。如此看来，日常生活中心理冲突的困扰在所难免。

（二）生涯决策的基本步骤

人在面临每个阶段的关卡时，需要具备多方面的知识与能力，对现实必须有正确的觉察与掌控，并拥有良好的情绪智慧。每一次的抉择都是一个学习的过程，我们可以从中积累经验，学习如何考虑相关的因素，培养纯熟的判断能力，并了解最适合的抉择方法。

信息加工生涯理论认为，生涯决策包含五个步骤（图4-1）。

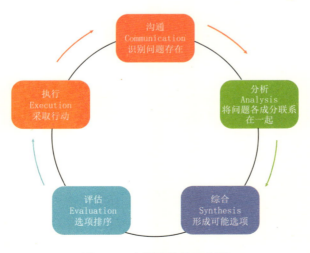

图4-1　生涯决策的五步骤

（1）沟通：通过沟通找到问题所在。

（2）分析：是知己知彼的过程。分析自己的特质和专业／职业的特质，进而清楚自己和专业／职业的关联。

（3）综合：是运筹帷幄的过程。通过发散性思维和聚合性思维找到可行的解决方案。

（3）评价：评估各方案的利弊得失，并按照优先秩序排列。

（4）执行：将认知转化为有计划、有策略的行动。

（三）生涯决策的常见问题

一般来说，一个人陷入"做不了决定"的困境，可能是因为"准备不够""认知不足"或"信息不一"。"准备不够"可能源自本身个性犹豫、想法观念保守，或是根本不敢、不愿意做抉择。"认知不足"是指一个人缺乏对自我、专业或职业世界的了解，不清楚生涯抉择步骤与考虑因素。"信息不一"则与一个人的内在或外在冲突有关。

除了"准备不够""认知不足"或"信息不一"影响我们的决策之外，还有以下几个因素在影响我们。

1. 家庭因素

包括早期童年经历、父母亲的角色模型等。

2. 个人因素

包括自我期待、健康、能力、兴趣、价值观、成就动机等，其中我们需要特别注意不合理信念对自己的影响。

3. 社会因素

包括受教育的经历、同辈人的影响、大众媒体等。

4. 环境因素

包括机会、选择的阻力、地理位置、科技的变化等。

✦ 五、生涯拓展

（一）高考综合改革下的选择自由

2014 年启动高考综合改革试点，到 2020 年在全国范围内全面推广。本次高考综合改革将形成分类考试、综合评价、多元录取的考试招生模式。分类招生考试是把国家统一高考改革为在省教育厅和省招办的监督指导下，由各高职院校自行组织考试，扩大院校招生自主权。考生可以有更多的选择，根据自身特点进入自己满意的学校，选择最喜爱的专业。多元录取的招生模式让学生可以根据自己的实际情况选择适合自己的升学途径。

高考综合改革改变了原来文理分科的方式，采用"统考＋选考"模式，有利于鼓励学生文理兼修。"统考＋选考"的模式是将语文、数学、外语三科统考成绩加上学生自主选择的三门高中学业水平等级性考试科目的成绩计入高考总分，作为招生录取的依据。这种可以依据自身兴趣和未来发展而自由选科的方式给学生带来了更大的自由选择空间。把选择权还给学生是新高考最大的亮点，而且大部分省份在方案中都提到了外语将实行一年两考的模式。从高考科目上的这些变化可以看出，各省高考改革方案都突出了增加考生选择性的特点，学生既可以自由选择在什么时间完成考试，也可以自主选定哪些科目参加合格性考试，哪些科目将计入高考成绩。这些措施真正实施后，将减轻学生集中应考的压力，也会改善过去高考"一考定终身"的弊端。

（二）工作世界的多元化选择

从工业 1.0 到工业 4.0，从全球化 1.0 到全球化 3.0，从创新 1.0 到创新 3.0，变化成了这个世界不变的主题。随之而来的便是全球化的企业网络、劳动力市场的风云更迭，以及劳动者个体在每个当下选择的多元化。

组织多元化是一种常态。如今，人们发现自己可以选择在各种不同类型的组织中工作，可以在不同类型的组织中更换工作，这个世界为人们提供了多样化的工作选择和机会。

工作场所也随科技的创新变得多元化。人们可以打破时间、空间的限制，选择远程办公。居家办公正在成为一种时尚。由于经济的全球化，不同地区、不同时区的工作任务伴随而来的是人员频繁外出、出差。远程办公随着信息化浪潮的到来成为现实。

（三）生涯决策中的不合理信念

还在期待自己做出完美的生涯决定吗？这是一种非理性的想法，因为世事难料。但处于一个变动的时代，你需要对自己有充分的了解，能察觉自己的生涯偏见或迷思，要有能力和弹性应对生涯中的变数，能接受生涯的不确定性并勇于面对挫折，能积极搜集有关信息，客观评估各类内在与外在的信息。

生涯决策中的不合理信念具体如下：

（1）这世上只有一种专业适合我。

（2）直到我找到完美的专业，否则我不会满意的。

（3）有人会为我发现一份适合我的专业。

（4）无论学习、工作还是生活，我必须非常成功。

（5）我上的大学一定要让我生命中的重要人物感到满意。

（6）一份好工作就能解决我所有的问题。

（7）只要我努力，我可以做任何事。

（8）选考科目的确定完全可以凭个人喜好。

（9）只有在绝对把握下，我才会采取行动。

（10）如果我不能考上理想的大学，我就是失败者。

（11）只要让我做一件我很想做的事，我一定会很快乐。

（12）我的工作要满足我所有的需求。

（13）我的个人价值与我从事之职业息息相关。

（四）生涯决策风格

人的一生是由许多单一的决定事件点连接贯穿而成的，每一个决定点都将影响许多后续结果的产生，且彼此具有关联性。要找到个人最恰当的生涯方向，常常需要经历多次的选择和评估，需要不断摸索后才会有所发现。

有人善于组织分析，有人随性自在，有人当机立断，有人犹豫不决。每个人做决定的行动、经验和模式都不同，这便是生涯决策风格。一般而言，决策风格大致分为四大类，而这其中的差异分别受两个因素的影响：一是对自己的了解程度；二是对职业世界的了解程度（表4-3）。

表4-3 生涯决策状态

对职业 \ 对自我		对个人自我状态的了解	
		未知	已知
对决策内容与信息的掌握	未知	犹豫不决型（困惑）	直觉型（跟着感觉走）
	已知	依赖型（无自主决策能力）	理性型（搜集信息）

　　由于认知、价值观及处理压力方式的不同，每个人都会形成特有的决策风格。虽然理性型的生涯决策风格常容易产生较圆满的结果，但若是通过决策找到目标，就舍弃其他的前进方向或学习经验的获得，便极容易产生生涯规划缺乏弹性的问题。因此，在做决定的过程中，个人心中存有"此时合适的决定未必符合未来的主客观条件"的理念，不但能使因为害怕做错决定而患得患失的焦虑感得以减轻，而且能坦然地面对做出选择后产生的变化。

　　根据四种做决定的类型以及内涵（表4-4），你认为自己比较符合哪一种呢？

表4-4 决策类型

直觉型	理性型
直觉型的决策者通常不会对未来进行充分分析或搜集完整的资料，而是依照当时的感受与情绪进行决定，并愿意为冒险的决策负责，较为冲动	理性决策的过程需要依靠逻辑思考，检视各个选项的利弊得失，并且系统性地搜集相关信息进行分析。这样的决策者通常会学习很多搜集信息的技巧，并且对所下的决定很有信心
犹豫不决型	依赖型
犹豫不决型的决策者大致上明白自己的选择方案，只不过由于顾虑太多，以致于无法明确做出决定，或是做出决定后，又容易因为无法坚持而改弦易辙	依赖型的决策者通常将社会标准或者一般人的期望当作自己的决策基准。有时候，他们也会多方搜集别人的意见，但时常把责任推给他人，故而较为被动与顺从，对自己的决策能力缺乏信心

第 2 节　目标管理

 一、生涯人物故事

朱成在哈佛

妈妈说："孩子，你的目标是只追前一名"。爸爸说："人生没有目标不行，但是目标太高也不行"。不谈远大理想，但要有近期目标，让孩子更多地体验到成功。

十年前，我们没有想到女儿会考上北大；六年前，我们没有想到女儿会入学哈佛并拿到全额奖学金；三年前，我们更不会想到女儿会三进哈佛，并当选哈佛大学研究生院学生会总会主席……

孩子是从平凡的事情一点一滴做起来的。在家里，我们不和孩子谈"远大"的理想。我们担心一谈理想，容易让孩子走进思维的死胡同，为了一个目标而努力，结果忽视了自己真实的感受，不开心了，不快乐了，这就没什么意义了。毕竟人生有很多的变化，孩子的兴趣和理想更是随时在改变的，很早固定、划定好框框没有必要。另外，在我们看来，远大的理想太"远"了，离孩子的生活非常遥远，与其这样，倒不如对孩子提出近期目标，让她以务实的态度来做更切合实际。

我们给朱成定的目标就是"量身定做"，目标就比自身的能力稍微高一点点，也就是俗话说的"踮起脚就能摸到"。我们不会定一些需要"跳"起来才能完成的目标，说不定一"跳"，不小心就伤筋动骨了。这样，孩子会发现目标非常明确，而且经过一定努力就可以实现，自然就有了动力。而每次完成了目标后，她就非常快乐。我们也可以根据具体情况，随时修正目标，做到可上可下。

在学习上，我们的目标非常明确：每次考试只追前一名。说起这个原则，倒是和当时的情况有关。女儿小时候最不喜欢睡午觉，在幼儿园时，每次午睡时间是她最难熬的，自己不睡觉，还老是影响别人。幼儿园老师天天来告状："你这孩子怎么搞的？这么调皮！一会儿踹踹这个小朋友，一会儿又拉拉别的小朋友的手，和他们说话。"为此，我们连换了三家幼儿园，但孩子还是不喜欢。我们也很头疼，再看看女儿已经认识了将近 1 000 多个字，会背几十首唐诗，数学也会 1～10 内的加减运算。爸爸就去找了一所小学的校长，向他说明情况，结果学校接受了女儿提前入学。因此，朱成上学时是班级里年龄最小的一个，比其他孩子小半岁到一岁。

当时，我和爸爸也有争执，我不同意孩子提前读书。我一直认为孩子应该"正常走路，不要超前。因为我们不是天才也不是神童"。但看到女儿上幼儿园时的那个痛苦劲儿，我就心软了，同意她提前上学。

年龄差距一开始就在体育课上表现出来了。每次跑步，女儿总是最后一名，这让好强的她非常沮丧。我只好安慰她："没关系的，你个子最小，应该跑最后一名，你连上公共汽车都要我们抱上去呢。现在你的体力、体能跟不上，但是以后你一定能跟上的。如果你推迟一年正常上学的话，说不定你跑步还比人家快呢。下一次你的目标就是只追前一名。"

从跑步中得到的启发，后来我就引申到了学习中。第一次考试，女儿的成绩在班级里属于中游，女儿非常着急，但我还是这样一句话："没关系，你只要追前一名。你这起点很好，因为你前面的道路很长，你好走，你不累得慌。你下次考试超过一个，下次再超过一个，每次考试都超过一个的话，到六年级你就是第一了。"

因为有了这个平常心，孩子的心态一直很不错，学习不急不躁，一步步走得很稳当。因为追前一名容易做到，孩子觉得只需要多努力一把，就可以完成这个目标，她没有很大的压力，也会很努力去实现目标，还能一直坚持下去，持之以恒。而每次完成目标后，她都能感受到成功的喜悦，我们也为她感到骄傲。

因为定下了具体目标，孩子也有了向上的动力。就说跑步吧，一开始她要爸爸一个人跑，她在后面跟着。后来就发展到爸爸带着她跑，最后妈妈骑着车陪着她跑步。就这样，到了三年级时，女儿的体育就赶了上来。后来中考时，她的体育成绩更是达到了满分 30 分。

令我们感到欣慰的是朱成每进一所新学校，她的学习成绩在班级里并不是最优秀的，但每次毕业时，她的成绩总是第一名。

但是，也有完不成目标的时候——并不是每次考试都能前进一步，如果倒退了，目标没有完成，那怎么办呢？这就需要我们适时修正目标了。同时，我们会告诉她："这次虽然你考得不好，但是爸爸妈妈为你感到高兴，因为你的弱项暴露出来了。虽然现在考得不好，但是经过这次考试暴露了你的缺点，让你提醒自己，在下次考试中改正这些错误，所以考得不好也是在帮助你呢。"经过这样的劝导，尽早让孩子脱离沮丧的情绪，孩子就能很快摆脱成绩的阴影，从错误中吸取教训，并且重新充满自信。

（资料来源：程显龙."小目标"：一种不可或缺的教育资源[J].辽宁教育，2014(3):1-1.）

二、我的感悟

你如何看待朱成父母给她设定的"只追前一名"的目标？你觉得朱成的目标管理对你有什么样的借鉴意义？你认为朱成为什么能够考上哈佛？

_____

_____

你现在有目标吗？没有目标，目标模糊？还是有清晰但比较短期的目标，或是有清晰而长远的目标？如果有目标了，你是否为实现目标制订了行动计划？

_____

_____

_____

三、活动探索

从小到大，每个人都曾经为自己制定过目标，但从未认真考虑过目标是否切实可行，现在我们不妨对自己高中阶段要实现的目标进行一次全面的梳理，这些目标可以是学业发展，可以是自我能力提升，也可以是生活休闲，还可以是人际交往等方面的内容。

活动一：小明的目标

爱好跑步的小明同学给自己制订了如下提升长跑成绩的计划：每天安排5次1 000米的跑步训练以及4小时的体能训练，希望自己的长跑成绩能达到国家二级运动员的标准。在执行了一段时间后，快要放弃计划的小明接触到了SMART原则（参见下文生涯知识第一个知识点），他马上对自己的目标进行了如下调整、优化：

小明为了提高 1 000 米的长跑成绩，每天安排两次 1 000 米的跑步训练及 3 小时的体能训练，希望在 3 个月内长跑成绩可以从原来的 3 分 30 秒提高到 3 分 20 秒。

请你写出小明调整后的目标对应的 SMART 原则分别是什么。

明确性：_____

衡量性：_____

可实现性：_____

相关性：_____

时限性：_____

你觉得小明调整目标后，目标实现的可能性多大？从小明调整目标这件事上，你认为目标制定最需要考虑的是哪些因素？

_____

_____

活动二：制定你的中期目标

在明白目标制定的重要性以及对目标制定的 SMART 原则有了深刻理解之后，请你结合自身的实际情况，以提升语文成绩为出发点，设立一个确实可行的目标，表格样式如表 4-5 所示。

表 4-5　目标制定

中期目标 （高一年）	短期目标 （每周）	小目标 （每天）
提高语文 成绩_____分	短期目标 1：	小目标 1：
		小目标 2：
		小目标 3：
	短期目标 2：	小目标 1：
		小目标 2：
		小目标 3：
	短期目标 3：	小目标 1：
		小目标 2：
		小目标 3：

四、生涯知识

目标的 SMART 原则

目标管理"SMART"原则由管理学大师彼得·德鲁克提出，出现于他的著作《管理实践》一书中，该书于 1954 年出版。根据德鲁克的说法，我们一定要避免"活动陷阱"，不能只顾低头拉车，而不抬头看路，最终忘了自己的主要目标。

S——目标必须是具体的、明确的（specific）：能够很清晰地看到个人计划要做哪些事情，计划完成到什么样的程度。

M——目标必须是可以衡量的（measurable）：目标应该是可以量化或质化的，应该有一组明确的数据。

A——目标必须是可以达到的（attainable）：目标是基于现实的并有一定的挑战性。

R——目标必须是实际的且与其他目标具有相关性的（relevant）：长、中、短期目标相关。

T——目标必须具有明确的截止期限（time-based）：目标的达成是有时间限制的。

目标分层法制定目标

就像不能一口气吃成一个胖子一样，想要一次就实现一个大目标的话，会让自己感觉任务过于艰巨。人们可以在大目标下分出层次，分步实现大目标。将人生终极目标依次分解为长期目标、中期目标、短期目标、小目标，它们的关系就像一座金字塔（图 4-2）。

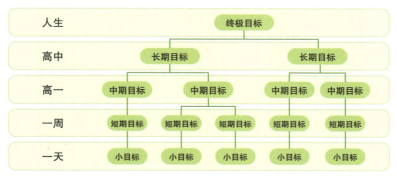

图 4-2　目标分解图

只有把一个大目标分解成通过自己的努力可以一步一步达到的小目标，才能让遥不可及的目标变得近在咫尺。

以提高英语单词量为例，请你根据自己的实际情况，选择一个总的目标，然后梳理出以下问题的答案。

我一月完成_____个单词的背诵；

我会每周完成_____个单词的背诵；

我会每天完成_____个单词的背诵；

为了每天能够完成这些单词的背诵，我会怎么做？

五、生涯拓展

运用 SMRAT 原则分析并优化目标

在下表中（表4-6）列出不同层级的目标，然后根据 SMART 原则分析自己的目标在各个方面是否表述明确，符合原则的可打"√"，不大符合原则的则进行修改。

表4-6　目标分析

长期目标（高中三年）	中期目标（一学年）	短期目标（一周）	小目标（一天）	明确性	可测量	可达成	相关性	时限性
长期目标1：	中期目标1：	短期目标1：	小目标1： 小目标2： 小目标3：					
		短期目标2：	小目标1： 小目标2： 小目标3：					
		短期目标3：	小目标1： 小目标2： 小目标3：					
	中期目标2：	短期目标1：	小目标1： 小目标2： 小目标3：					

长期目标 （高中三年）	中期目标 （一学年）	短期目标 （一周）	小目标 （一天）	明确性	可测量	可达成	相关性	时限性
长期目标1：	中期目标2：	短期目标2：	小目标1： 小目标2： 小目标3：					
		短期目标3：	小目标1： 小目标2： 小目标3：					
长期目标2：	中期目标1：	短期目标1：	小目标1： 小目标2： 小目标3：					
		短期目标2：	小目标1： 小目标2： 小目标3：					
		短期目标3：	小目标1： 小目标2： 小目标3：					
	中期目标2：	短期目标1：	小目标1： 小目标2： 小目标3：					
		短期目标2：	小目标1： 小目标2： 小目标3：					
		短期目标3：	小目标1： 小目标2： 小目标3：					

（1）在以上众多小目标中，你觉得最容易实现的是哪个，最难实现的是哪个，为什么会制定让自己感觉很难实现的小目标？

_____

_____

（2）挑选出一个你最想实现的小目标，并制订具体到每天的行动计划，课后同学之间可以互相监督。

_____

_____

【参考文献】

[1] 管以东 . 班级积极心理团体心理辅导设计 [M]. 合肥 : 合肥工业大学出版社 , 2016.

[2] 陈伟 . 不可阻挡的力量——高中生目标管理辅导 [J]. 中小学心理健康教育 , 2014 (2) : 22–23.

[3] 刘靖文，宋鹏轩，颜东升 . 我的高中生涯教育课程教学手册 [M]. 北京 : 研究出版社 , 2018.

[4] 刘宣文，张明敏 . 高中生生涯规划与辅导 [M]. 杭州 : 浙江人民出版社 , 2017.

第 3 节　时间管理

 一、生涯人物故事

我的发言只有三分钟

在 20 世纪 30 年代的美国拉斯维加斯，推销员罗伊是行业内一个非常有名的人，这位伟大的推销员常常以惊人的业绩让同行们汗颜。

同样的时间里，罗伊总是能够完成最多的任务，这让大家觉得很奇怪：难道他从什么地方偷来的时间不成？

其实和罗伊打过交道的人都会知道其中的秘密。罗伊有一个习惯，不论在开会还是在平常的时间里，他都会先说出一句口头禅，那就是"我的发言只有三分钟"。

他一般要求客户只要给他三分钟的时间，让他介绍自己的产品，而他也确实完成了这样的任务。这让他的客户惊讶之余对他的效率也感到钦佩，所以他的工作时间几乎和业绩成正比。

当罗伊开了自己的公司之后，他在自己会议室的墙上安装了一个特殊的钟表，这个钟表每过 3 分钟就会发出警告。他在开会的时候，要求手下的那些推销员和策划者必须在 3 分钟之内完成自己的陈述，否则就将失去表达的机会。

正是在这样严格的要求下，罗伊的公司在同行业中的效率是最高的，当年所创造的销售额也让同行们羡慕不已。

越是层次高的人对待时间的态度越是谨慎，他们不仅做到不浪费自己的时间，还做到了从来不浪费别人的时间。

这种对待时间的态度让他们十分注重效率。

（资料来源：李愚.态度决定你的人生高度 [J]. 智富时代，2010(8):25–25.）

💡 二、我的感悟

罗伊的那句名言"我的发言只有三分钟"对你的时间管理有什么启发？请分享你的时间管理小妙招。

_____

_____

✈ 三、活动探索

活动一：时间管理自我检测

自我检测你的时间管理：

（1）你是否想在一节课完成几个学科的作业，边听课边做其他学科的作业，但似乎无法完成？

（2）你是否因顾及其他的杂事而无法集中精力做目前该做的事？

（3）如果你的学习计划被一些突发事件打断，你是否觉得可原谅而不必找时间补？

（4）你是否经常一天下来觉得很累，却又好像没学到什么？

（5）你是否觉得老是没有什么时间做运动？

（6）你是否觉得总没时间想做一些自己喜欢的杂事，哪怕是摆弄下喜欢的小玩意儿也没空？

活动二：案例分析

小D为人热情，喜欢帮助别人，平时积极参加各种社团活动。他是班级卫生委员，是辩论社的骨干，也是志愿者协会的成员。平时总是需要面对许多学习与工作任务。一天下午，他刚到学校，遇到了几个好朋友，他们对小D说："下午放学后，我们去操场踢一场球赛，差一个人，你一定要来哦"。

小D走到教室门口，遇到高二学长，学长对他说："今天下午放学后，辩论社要开个短会，商量明天辩论赛的具体事宜，你是主辩手，一定要来哦"。

学长刚走，突然来了个学生会干部对他说："小D，因为志愿者协会的会长生病了，团委王老师让你下午放学后帮忙召集高一年级的会员，商量周末义卖的事情，一定要通知到位哦"。

小D刚进教室，有个同学跑过来跟他说："医务室的刘医生刚才找过你，她很生气，我们班的卫生评比连续几周年级倒数，她让你一放学就过去说明情况，否则下周就全校通报"。

刚说完，班主任老师也走了进来，对他说："放学后，你和几个同学留一下，这次月考你们几个没发挥好，我想给你们做个强化训练。当然如果你们谁有急事，可以先走。"

如果你是小D，你会怎么做？

_____

_____

活动三：过去24小时

请拿出纸张，在纸上画出下面类似的表格（表4-7），写上标题"过去24小时"。请大家回忆过去的24小时内发生的事情，大家要尽量详细地回忆，并把这些事情记录在相应的时间段内。

表4-7　过去24小时举例

时　间	发生的事情
6：10 ～ 6：20	起床刷牙洗脸
6：20 ～ 6：30	去做早操，该醒醒了
6：30 ～ 7：00	喝了一碗粥，去食堂有点晚，只剩下鸡蛋
7：00 ～ 7：20	在艺术角背诵古诗词
7：30 ～ 7：45	到教室记英语单词

时 间	发生的事情
7：50 ～ 8：35	还有点困，但是打起精神上课
8：45 ～ 9：30	继续上课
9：30 ～ 10：05	课间操还是少不了的，跑操场两圈后，去投篮了
10：05 ～ 10：50	开始上第三节课
10：50 ～ 10：55	保护视力，做下眼保健操
11：05 ～ 11：50	开始上第四节课
11：50 ～ 12：30	午饭，吃什么已经忘记了
12：30 ～ 13：35	午休
13：35 ～ 13：45	冬天起床太辛苦了
14：00 ～ 14：45	开始上下午第一节课，上什么内容又有点忘了，糟糕
14：45 ～ 14：50	保护视力，我没有做眼保健操，只是听了几首歌
15：00 ～ 15：45	开始上下午第二节课，被老师喊起来回答问题，有点小得意
15：55 ～ 16：40	开始上下午第三节课，生物老师帮忙复习期末考
16：50 ～ 17：35	班会没有上，跟几个同学一起去打篮球了
18：30 ～ 19：40	晚自习第一节做了语文作业
19：50 ～ 20：40	晚自习第二节做了英语作业
20：50 ～ 21：40	晚自习第三节做了数学作业
22：00 ～ 22；40	在宿舍关门前把其他科目的作业做好，并稍微预习下第二天的课程
22：40 ～第二天 6：10	洗漱，熄灯，睡觉

参考上面别人的过去 24 小时回忆，请你开始进行自己的过去 24 小时的回忆，如表 4-8 所示。

表 4-8 过去 24 小时

时　间	发生的事情

　　5 分钟后，分享过去的 24 小时发生的事情。请你来做个归类统计，在这 24 小时里：

（1）睡觉时间有多少。

（2）上课时间有多少。

（3）自学时间有多少。

（4）日常事务时间有多少。

（5）聊天时间有多少。

（6）吃饭时间有几个小时。

（7）还有多少时间不知道干什么了。

思考：

（1）对自己的时间利用情况进行反思，看看你的时间管理情况和其他同学有什么不同，说说为什么。

_____

_____

（2）为什么你的学习时间比别人多（少）呢?

_____

_____

参考以下四象限样例（图4-3），把上面自己回忆写下的过去24小时发生的事情依据四象限原则进行分类。

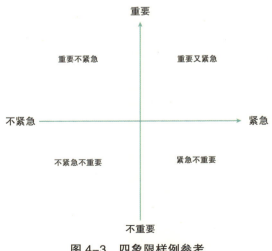

图4-3　四象限样例参考

📖 四、生涯知识

什么是时间管理

时间管理是指个人对时间的有效使用，就是事先进行规划，运用一定的技能和方法灵活地运用时间，完成明确的任务和计划，达到一定的目标。时间管理的内容主要包括以下几点：制订计划、设计目标、对花费的时间进行分析、记录时间分配的情况、确定事情完成的优先次序。

时间管理的目的并不是要把所有事情做完，而是更有效地运用时间。除了要决定你该做什么事情之外，另一个很重要的目的是决定什么事情不应该做。时间管理不是完全掌控，而是降低变动性，时间管理最重要的功能是将事先的规划作为一种提醒与指引。

时间管理的重点不在于管理时间，而在于如何分配时间。你永远没有时间做完所有事，但你永远有时间做对于自己来说最重要的事。

在同一个时间段内，人们经常要完成多项事情，若要有效利用时间，要评估完成的先后顺序，可以将事情按照重要和紧急两个维度归入四个象限。

第一类：重要、紧急的事情。

第二类：重要、不紧急的事情。

第三类：紧急、不重要的事情。

第四类：不紧急、不重要的事情。

◆ 五、生涯拓展

（一）时间管理的方法

（1）将一天从早到晚要做的事情进行罗列。

（2）目标明确。目标要具体、具有可实现性。

（3）要具有灵活性。一般来说，只将时间的 50% 计划好，其余的 50% 应当属于灵活时间，用来应对各种无关紧要和无法预期的事情。

（4）做好的事情要比把事情做好更重要。做好的事情是有效果；把事情做好仅仅是有效率。先考虑效果，然后再考虑效率。

（5）不要想成为完美主义者。不要追求完美，而要追求办事效果。

（6）学会说"不"。一旦确定了哪些事情是重要的，对那些不重要的事情就应当说"不"。

浪费时间的主观原因分析

（1）做事目标不明确，没有日程计划。

（2）作风拖拉。

（3）缺乏优先顺序，抓不住重点。

（4）做事有头无尾。

（5）不会拒绝别人的请求。

（6）消极思考，闲思（走神），闲聊。

（7）睡眠不足。睡眠不足导致精力不足、思维迟缓，无法高质量完成当天的学习。

（8）没有补充好能量，无论因来不及或不想吃，还是为了节约时间，这样做往往适得其反。比如，不吃早饭，上午第四节课一定精力不够，甚至因急切盼望早点下课吃午饭而不听课。

（二）时间管理小工具——番茄钟介绍

番茄钟是指把任务分解成半小时左右，集中精力工作 25 分钟后休息 5 分钟，如此视作种一个"番茄"。哪怕工作没有完成，也要定时休息，然后再进入下一个番茄时间。收获 4 个"番茄"后，能休息 15 ~ 30 分钟。提早几分钟到办公室，把一天的工作任务划分为若干个"番茄钟"，规定好每个"番茄钟"内要完成的小目标，然后尽量心无旁骛地工作，这种"番茄工作法"的流程也被称为拖延症"自救攻略"之一。

1. 背景

如果想培养自己强烈的时间管理意识，养成坚定的自我管理习惯，想从此克服惰性，就可以利用番茄钟的理论提升自己充分利用时间的能力。番茄工作法是一种很好的策略，它是由意大利人 Francesco Cirillo 提出的。番茄工作法的原理：25 分钟为一个番茄钟，中间不能中断；如何预估和执行；在两个番茄钟之间如何休息；每天如何整理番茄钟的完成情况以及一些心得；等等。

2. 特点

番茄工作法的设定是考虑到对庞大任务的恐惧和抗拒是导致拖延的重要原因，

把注意力集中在"当下"能帮助人们更好地集中精力，摆脱过去失败的阴影和对"万一任务完不成"的焦虑。

3.效果

一家在外企从事财务工作的白领，曾是一个深度"拖延症"患者，以坚持每天上班时间至少收获 10 个"番茄"敦促自己完成日常财会工作。这种方法使其拖延程度有所减轻、工作效率大大提高。

4.注意事项

番茄钟通常设定的 25 分钟只是一个相对适宜大部分人的时间模块，同学们可以根据实际情况设定适合自己进程的番茄钟，不过这个时间既不能太长又不能过短，太长了容易产生疲劳，太短了又不利于同学们深度学习。

第 4 节　压力管理

 一、生涯人物故事

 一个头两个大

　　小林今年在市重点中学读高一，最近思考了很多关于未来的事，因为父母常跟自己唠叨别人家的孩子。他们说隔壁的小黄考上了北京的重点大学，毕业后在一家知名的互联网公司上班，成了一名高级白领；对面的小吴考了个普通大学，毕业就只能在县城做外贸业务，工资低又常加班。父母还经常夸奖同事的小孩，跟小林在同一所中学就读，平时成绩都是名列前茅……父母觉得只有成绩好，考上了好大学，以后才能过上美好的生活。因此，父母对他寄予了厚望。

　　小林在学校里每天都有做不完的试题，压力大；放学回家又感受到父母的浓浓期待，压力更大，尽管他的母亲总是竭尽所能地满足他的所有需求。

　　偶尔考试成绩不理想，小林看到试卷上的分数，便深感对不起父母，内心非常悲伤。有时还会对自己的未来充满恐惧，觉得成绩没考好，以后的未来就没了……

二、我的感悟

　　小林从周围环境中感受到了什么？给他造成了哪些影响？

　　在人的日常生活中，压力是普遍存在和经常出现的，每个人都经历过，如第一次站在讲台演讲、面临分数排名、考试来临、课堂发言、家长的期望、同学矛盾……这些大大小小的事件都或多或少会对我们造成压力。较小的压力是可以回避并且无害的，而对个体和组织引起问题的压力是过度压力，如《压力与管理者》一书的作者卡尔·阿尔布莱特指出的那样："压力是人类本能的一种自然部分……一个人零压力是不可能的"。

三、活动探索

压力消消乐

研究表明，管理压力的方式可分成两部分：第一是针对压力源造成的问题本身去处理；第二是处理压力所造成的反应，即情绪、行为及生理等，步骤如下。

第一步：寻找压力源及生理、情绪反应

（1）请你在下面写出最近一周面临最大的压力。

_____

_____

（2）面对这种压力，你的情绪如何？身体有怎样的反应呢？

_____

_____

（3）这种压力对于你来说有什么意义呢？

_____

_____

第二步：处理造成压力的问题以及情绪、生理反应

1. 处理问题

（1）给你造成压力的事情缘由是什么？

_____

（2）针对当前这个事情，你能做出哪些改变？

_____

（3）寻找支持资源系统。

当感受到压力较大时，可以先找同学、父母或老师倾诉，若无法缓解，可以通过心理热线或心理咨询机构寻求更专业的帮助，如图4-4所示。

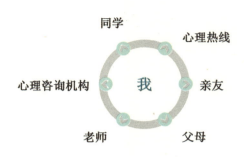

图 4-4　压力排解关系图

2. 处理情绪、生理反应

可以利用自己熟悉的处理情绪的方式处理自己的情绪：合理宣泄、转移注意力、听音乐、跑步放松等。

思考这样的一个问题：

处理情绪后，重新审视一下自己的情绪和生理反应对解决问题有什么作用。

📖 四、生涯知识

（一）压力是什么

压力是因外界刺激过大而产生的一种紧张的心理状态，是人们生活中不可避免的一部分。例如，学习成绩不如意、生活中遇到挫折、同学之间的冲突、父母期望过高等都会给人们带来压力。当压力过大时，人们常常会伴随压力产生紧张、焦虑、烦躁、担心等负面情绪，这不仅会降低学习、工作效率，还可能影响到人际关系，降低人们对周围环境的适应能力。

高中生背负着家长和社会的高期望，同时自身成长欲望强烈，但心理发展尚未成熟稳定，在压力面前常常不知所措。

压力真的只有消极的一面吗？

压力是把双刃剑，对人们的生活既有消极影响，又有积极影响。美国心理学家凯利·麦格尼格尔在他的《自控力：和压力做朋友》一书中提出一个新的观点：真正有害的不是压力，而是"压力有害"这一观点。

（二）压力管理

1. 压力面对面

直面压力是压力管理的第一步。压力是人们生活中的一部分，人们没有办法逃离压力。压力管理的最佳方式不是试图减轻或避免压力，而是直面压力。面对学习和生活中的种种压力，人们需要理清自己面对的压力具体有哪些，是什么原因导致的。只有人们清楚自己面临的压力，压力管理才能有效实施。

2. 合理宣泄法

人们可以通过寻找一个恰当的对象或恰当的方式将个人的消极情绪宣泄出来，使心中积压的负面情绪得以释放，从而摆脱这种负面情绪的干扰，保持心理的平衡。例如，通过找人倾诉、适当运动、唱歌、大喊、哭泣等方式将不良情绪一扫而空，压力自然得到了缓解。

3. 自我暗示法

人们可以通过朝着积极的方向进行自我暗示，从而改变消极、不良的心理状态，产生良好的心理激励与平衡作用，并且培养自己积极的心态，以便能更好地面对压力。自我暗示法可通过语言、情境、睡眠等方式对自己进行暗示。

4. 想象放松法

想象放松法主要是通过唤起身处宁静、轻松、舒适的场景时的想象体验减少紧张、焦虑的心理状态，从而达到身心放松的效果，增强内心的愉悦感和自信心。想象放松法需要个体寻找一个自己经历过的并且能给自己带来愉悦感觉的美好回忆场景，让自己尽可能地身临其境，用心地感受、回忆和体验，从而改变自己的心理状态。

✦ 五、生涯拓展

（一）压力与工作绩效的关系

适度的压力可以激发人的潜能，提高效率；没有压力可能会使人失去学习的动力，在原地停滞不前；而过度压力又会使人陷入紧张、焦虑等状态，影响学习效率和已有水平的发挥。因此，人们需要正视压力的作用，学会更好地与压力相处，发挥压力的积极作用，减少压力的消极影响。压力对人的影响如图4-5所示。

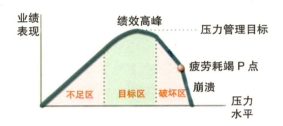

图4-5　压力与工作绩效关系图

（二）对待压力管理的态度十分重要

Goliszek医生认为之所以改变压力对人们造成的习惯及学会放松如此之难，是因为人们对压力反应处理的态度出现了问题。摆脱压力应该了解压力，学会辨识压力反应，改变行动模式以及在发生压力的头60秒内进行压力管理。美国压力管理专家Greenber在总结前人对压力的研究后提出，压力开始于失衡的生活情景，不同的个体在面临压力情景时会有不同的反应，这是由个体对压力情景的不同认知评价造成的。当个体感知生活情景有压力时，就会出现害怕、愤怒、不安全等负面情绪，长期的负面情绪反应会导致生理的唤起，最终导致疾病、低绩效、不良的人际关系等消极后果。认知评价是可以控制的，对负面情绪进行调节也有助于压力的管理，反过来生理的变化也会影响人们对压力的感受，改善压力带来的不良结果也是进行压力管理的一种很好的方式。

（资料来源：陈旭，周琳.国内外压力管理研究现状比较分析 [J].中国商论，2017（33）：117-118.）

第五章
未来之路

第 1 节　我的未来我做主

 一、生涯人物故事

　同安一中·Monster 蔡

　　他曾是一个懵懂的男孩，却有着令人瞠目结舌的故事。他没有俊秀的外表，但流露出与众不同的 experience。他就是 09 届同安一中校友 Monster 蔡，昂立英语总校长。

　　懵懂，轻狂，愤青，迷茫，是 90 后的代名词，他也不例外。大一时他算是同龄人中的"打工皇帝"，为了积累资金他每天疯狂地外出做家教，从开始一个小时 15 元到后来一个小时 1200 元，他说挫折使人担当，圈子使人融合，商业模式使人懂得流量改造。

■ **能力价值观体系**

　　毕业于福建省同安第一中学，似乎从一上大学他便开始奔跑，为什么这么拼命？他思考了很久，认真地 answer，不想太无聊，总得拿点事来折腾青春，更何况大学的时候全班只有一个男生的悲哀实在是"凄凄惨惨戚戚"，每个人的生活方式甚至生存方式都不一样，有时别人笑我太疯癫，我却笑别人看不穿。创业，如果你太在乎身边的阻力，那你还没开始就注定了失败。

■ **90 后 自力更生**

　　创业初期，满腔的教育梦想、教育情怀，但是理想主义在现实社会是很容易碰壁的，跌倒了，只要能爬起来，你将一次比一次更强大。现在的社会其实有些许病态，跪舔 90 后年轻人的创想，其实 90 后依然是一个弱势群体，他们渴望有 80 后、70 后的精神和经验的支撑，VC 不是万能的，创业者大多数时候还是自力更生！

　　刚刚毕业的时候，Monster 蔡曾凭借一个独创的教育模型拿到了一家 VC 的风投，短暂地浮躁后，他克制住了数字的喜悦，将更多的心思放在格局和模式的架构与创建上。教育行业的思考维度比一般产业链复杂，因为连接点都是人，体验感和内容才是核心。

■ **EQ＋强大逻辑**

Monster 蔡提到在一切条件"你有我有大家有"的情况下，输赢关键看"情商"。看产品的细腻度、贴近用户的易用性、团队凝聚力，圈地市场的速度，还有处理各种用户之间不同需求的强大逻辑。传播路径是这样的，你有了初步的用户之后，用户会在相应的应用市场上进行评价，会在朋友圈进行相应的分享。要在朋友圈分享就需要你在产品上设计一个分享的方式，这是第一点，第二点是我们要建立起一个壁垒，第三点是处于一个良性的需求。当然，后面我们会引进，对于课程的，对于视频的，对于学习的，这种体系能更好的将口碑传出去，这都是通过产品里面的小设计来实现的。

Monster 蔡提到，我不是 IT 男，我只是喜欢拥抱计算机思维，抽象和自动化是目前业界普遍达成共识的计算思维本质，对计算机科学专业的学生来说这两者的威力不用赘述，实践证明其对各领域的创新作用巨大。计算机思维里的层次抽象、分而治之、递归、并行和并发，以及经典数据结构（数组、栈、集合、树等）和机制（流水线、缓冲、API 等），计算可行性和复杂性等，无一不对我们的日常生活和工作产生巨大影响。我们需要的是在未来人人都具备计算机思维，并用这个武器来指导我们，不单是编程，更多的是提升工作和生活效率，甚至进行人生职业规划，这对现在的大学生是有很好的参考价值的。

（资料来源：出自同安一中采访资料）

二、我的感悟

读了同安一中校友 Monster 蔡的成长故事，你觉得他取得今天的成就最大的原因是什么？他的成长经历，对你思考自己的未来有什么样的帮助？

📧 三、活动探索

高中生涯规划书的制作并没有我们想象中的那么抽象和复杂，而且通过制作自己的生涯规划书，可以加深自我认知，加深对学业规划的认识和对外界环境的理解。制作一份高中生涯规划书，并以此不断实践、不断探索，不仅有助于自身学业的进步，还有利于未来整个人生的发展。下面，就让我们开始制作属于自己的生涯规划书吧！

活动一：制定我的高中生涯规划书

高中生涯规划书的制定能把我们这个系列的生涯课程做一个总结，对未来的升学规划有一定的指导意义。请你回顾一下这个系列生涯课程每个主题的学习内容，特别是你自己探索出来的关于兴趣、性格、能力、价值观等方面的内容，在此基础上进行高中生涯规划书的制定。

第一步：完成我的高中生涯规划书

一份完整的高中生涯规划书应包括学生的基本信息、生涯愿景、自我认知、外部探索、生涯决策和生涯管理六部分。下面，我们具体来看看每一部分都包含什么内容。

1. 基本信息

基本信息包含姓名、班级、出生年月、入学年月4个方面。

2. 生涯愿景

生涯愿景主要由我童年的梦想和现在的人生理想两大部分组成。

3. 自我认知

自我认知包括对自身兴趣、能力、性格和价值观的认识。同时，需综合以上内容来理解自身的优势和劣势，最后总结出优势如何发扬，劣势如何克服。

4. 外部探索

外部探索包含对大学专业、未来职业、目标大学以及现有升学路径的探索，同时需了解哪些家庭或学校资源可用于促进我们的生涯发展。

5. 生涯决策

生涯决策主要由决策风格与方法、选科决策、志愿填报决策以及决策冲突调整这四大部分组成。

6. 生涯管理

生涯管理同样由四部分内容组成，分别是高中学业规划、大学生涯规划、职业生涯规划、生涯挫折与调整方法。

我的高中生涯规划书

姓名		班级	
出生年月		入学年月	
我的 生涯 愿景	我童年的梦想： 现在的人生理想：		
自我 认知	我的兴趣代码（前两码）是什么，并写出每种代码中你喜欢的一项具体活动。 我的典型性格是什么，请至少写出三点。 在学业和生活上，我分别表现出什么能力？ 我最看中什么，最反感什么，请分别写出三点。 我的优势是什么，如何发扬；劣势是什么，如何克服？		

姓名		班级	
出生年月		入学年月	

外部探索	我理想的职业是什么，它有什么特点？ 我心仪的专业是什么，它的核心课程是什么？ 我的目标大学是什么，它有哪些特色？ 我了解到了哪些升学路径，我最希望走的是哪条？ 我最珍惜的家校资源是什么，该如何善用？
生涯决策	我的决策风格是哪种类型？我能运用的决策方法有哪些？ 我的选科结果是什么，这样选的依据是什么？ 我的志愿填报决策： 如遇在选专业时，与家人意见产生冲突，你会如何调节？

续　表

姓名		班级	
出生年月		入学年月	

| 生涯
管理 | 我的高中三年学业规划（为实现目标专业、心仪大学而做的准备，包括科目分数、班级位次等）
高一的规划：

高二的规划：

高三的规划：

我的大学生涯规划（如专业学习、就业准备、继续深造等）
大一的规划：

大二的规划：

大三的规划：

大四的规划： |

第二步：完善我的高中生涯规划书

（1）根据生涯规划书的写作四原则，我的高中生涯规划书符合几项原则，不符合哪几项原则？对于不符合的内容，该如何进行修改？

_____

_____

（2）根据生涯规划书可行性的四标准，我的高中生涯规划书符合几条标准，不符合哪几条标准？对于不符合的内容，该如何进行修改？

_____

_____

制作一份属于自己的生涯规划书，有十分重要的意义和作用，它将会是我们整个生涯教育课程过程及成果的记录。同时，是我们生涯规划实践和检验的指导手册。根据"我的高中生涯规划书"，我们可以制定相应的行动计划并逐步实施，待生涯规划方案实施一段时间后，可以进一步对我们的生涯实施情况进行检查、获得反馈、进一步调整，必要的话再重新规划，直至实现我们的人生梦想。

📖 四、生涯知识

（一）生涯规划书制作原则

想要我们的生涯规划书具备实用价值，制作时就必须按照一定的原则，否则生涯规划书只能是我们的空想。

1. 可操作性

生涯规划书只有在现实生活学习中具体使用时才具有价值。因此，我们在制作生涯规划书时应全面地收集信息，我们所制定的目标必须是可达成的、积极向上的。

2. 准确性

生涯规划书中的信息和判断必须准确。对自身的分析要诚实可靠，做到不夸大、不贬低。对外界资源和环境的判断，要尽量贴近实际。

3. 前瞻性

对我们的生涯愿景、心仪专业、理想职业等方面的发展趋势要有客观的分析，因此我们应通过各种手段来获取信息并进行预判。

4. 个性化

高中生涯规划书一定要根据自身的实际情况量身定做。这样的生涯规划书才真正属于你自己，才真正具有价值。

（二）生涯规划书的可行性分析

生涯规划书的可行性分析是检验生涯规划书是否具有实用价值的一个重要步骤。既然是分析，就必须有相应的标准来进行参照。一般来说，可以从以下几个方面对我们生涯规划书的可行性进行判断。

（1）生涯规划书作者的主观判断。

（2）师长、同伴的评价。

（3）生涯发展方向是否有充分理由。

（4）行动方案是否有可操作性。

当然，最重要的是当生涯规划方案完成后，通过实践来检验生涯规划书的可行性。关于生涯方向的检验，可通过对自身认知的不断加深，对大学、专业、人才市场、行业信息等的不断了解，来总结、分析、检视生涯发展方向是否合理、合适。行动方案是否可行，只要去尝试操作和实践一番，就会有答案。关键是实践，而非突发感想。

对生涯规划书可行性的检验不是一次性的，而是过程性的，遇到问题我们可以做出适当的修改和调整。

 五、生涯拓展

（一）SWOT 在生涯中的意义和运用

对生涯资源进行整合时，可运用 SWOT 分析表。一方面，可以对个人问题进行全盘考虑；另一方面，可针对生涯问题的诊断与解决方法，将两者紧密地连接在一起，使以后生涯发展的方向更明确。

SWOT 是一种分析方法，主要是分析组织和个人内部的优势与劣势以及外部环境的机会与威胁，用于制定未来的发展策略。这种工具同样适用于个人生涯规划。

S —— Strength，代表个人的强项和优势，如特长以及好的学习表现等。

W —— Weakness，代表个人的弱项和劣势，如有待加强的能力、个性上的缺点等。

O —— Opportunity，代表个人的机会和机遇，如外界的支持和帮助等。

T —— Threat，代表个人的威胁和对手，如来自他人的负面影响，巨大的竞争压力等。

请你运用SWOT工具分析自己高中生涯规划书的可行性，并进行优化调整。

_____

_____

_____

（二）如何成为优秀的我，为美好未来打下基础

如何让自己变得更优秀，去适应现在这个不断发展的社会，同学们可以通过以下三个方面来实现：培养能力、提升修养、构建人生大格局。

1. 培养能力

（1）获得知识。

①书本。书是我们的财富，是经验的积累，是传递知识的方式，是前人留下来的沉淀，是前人的集合体，因此获取知识可以从阅读书本开始。

②互联网。现在是信息的时代，社会在进步，知识在更替，要想获取较先进的知识，要想走在别人的前面，互联网就成为高中生获取知识的一个主要途径。

③电视。电视也是一种信息的载体，它能以生动的图像、声音等多种渠道授予人们信息，能使人们更容易理解知识。因此，看电视的时候，不能只顾取乐，要留心，知识很有可能就在里面出现。

④报纸、杂志。我们在看杂志、报纸的时候会发现很多未知的东西，这就是知识，是我们该留心的地方，因此阅读报纸、杂志也要留心获取知识。

⑤文献。文献是记录、积累、传播和继承知识的有效手段，是图书、期刊记录知识的总和。因此，我们可以通过阅读大量的文献来获得重要的知识。

⑥会议。会议是人们为了解决某个共同的问题或把不同的问题聚集在一起进行讨论、交流的活动。有时候，一个问题一个人解决不了，需要大家的力量、集体的力量。在会议上，会有很多思想进行交换，因此会议也是获取知识的途径。

⑦聊天。闲谈，也就是在空闲的时候说话。殊不知，有时候聊天也能聊出知识，因此要学会与人好好聊天，获得更多的知识。

（2）提升技能。高中生应掌握的关键技能有6种：交流、数字运用、信息技术、与他人合作、改善自学与自做、解决问题。

①交流技能。运用交流技能处理简单的问题和书面材料。较强的交流技能一般表现在：积极参与讨论时所用词汇、语句更加丰富多彩；能利用各种资源浏览资料获取相关信息并了解内容概要；能用不同的文体表达书面信息。

②数字运用。用数字技能能完成简单的任务。数字运用技能较强的人善于从各个方面获取相关信息，阅读并理解统计表、曲线图、图表和直线图，估算数量和比例，精确地读出各种测量工具的刻度，选择合适的计算方法。

③信息技术。信息技术能力较强的人，一是能从信息技术资源（如光盘）和非信息技术资源（如书面记录）获取不同类型的信息，判断哪些信息符合自己的要求，然后以文本、图像、数字等形式开发信息；二是能寻找、筛选信息，探索、开发信息，并从中衍生新的信息。

④与他人合作。合作能力较强的人，一是清楚共同合作的目标，明确完成目标所需的任务、条件、时间，并且能交换信息，细化责任。二是能提供自己能给予的帮助或能发挥的作用，询问别人乐意做些什么，确定自己和别人都已明确各自的职责，使合作伙伴了解工作安排。三是可以成功地进行简单的一对一或在群体中的合作，了解并妥善安排计划。

⑤改善自学与自做。改善自学与自做的技能主要体现在我们能有针对性地制定目标，即我们可以根据提供的准确信息，制定几周内能达到的实际目标，明确需要的帮助，然后再根据目标来计划和评价自己的学习，进一步改善自己的行为，评价自己的进步。

⑥解决问题。解决问题的主要内容是明确问题和可选方案。首先，我们要辨别是否有问题，描述其特征，了解问题是否已经得到解决；其次，提出处理问题的不同方法，判断哪一种方法有可能取得成功；再次，有计划地组织和尝试各种可能性，并说明结果。

语言是技能，不是知识。知识能学到，技能只能习得。知识学习是瞬间的，知道与不知道之间几乎瞬间完成。但技能需要漫长的笨拙期——如果你不接受自己笨拙的开始，就永远无法学好任何技能。

（3）增长才干。当一门技能被反复地操练，就会进一步内化，成为才干。比如，说话张嘴就来不用考虑发音，这是技能，但是若能像著名主持人一样，面对不同场合都能轻松沟通和调控氛围，这就是才干。很多人因为把技能内化为才干，慢慢地就成为这个领域的高手。

才干一旦学会，可以很迅速地迁移到其他技能领域中去。比如，语言方面有才干的人，可以是主持人、作家、诗人等。

2.提升修养

个人修养的好坏直接关系到平时的待人处世。一个修养好的人不仅能使自己的品位得到提升，还能带动周围的人提高个人的素质，修养低下的人则会给人留下不好的印象，那么怎样提高自己的个人修养呢？

（1）有礼貌。在接待人的时候要有礼貌，礼貌待人，礼貌处事，多用敬语和别人交谈会给人留下好的印象。

（2）多读书。"读万卷书，行万里路"，读书的多少直接影响了个人修养的提高。

（3）做到慎独。慎独就是在没有人监督的情况下仍然能保持一个积极的心态，做不违背自己道义的事情。君子有所为，有所不为，一定要把心里那杆秤摆好，勿以善小而不为，勿以恶小而为之。

（4）凡事以德为先。做事之前，一定要三思而行，并时时以德为先，德是一个人的灵魂，也是一个人的根本所在。

（5）拥有良好的特质。A. 沉稳；B. 细心；C. 胆识；D. 大度；E. 诚信；F. 担当；G. 内涵。

加强个人修养，需要从自己身上下狠功夫，严于律己，处处为他人着想，尊老爱幼，在机遇未到来时，努力培养自己的根性。

3. 构建人生大格局

格局是指一个人的眼光、胸襟、胆识等心理要素的内在布局。一个人的发展受到局限，其实"局限"就是格局太小，为其所限。谋大事者必要布大局，对人生这盘棋来说，最先要学习的不是技巧，而是布局。大格局，即以大视角切入人生，力求站得更高、看得更远、做得更大。大格局决定事情发展的方向，掌控了大格局，也就掌控了局势。一个人的格局大了，未来的路才宽！

构建人生大格局的方法如下。

（1）不断学习，做大人生格局。学习是没有止境的，如果一个人仅停留在对已有知识的满足中，失去了对学习的兴趣和追求，那么他就会逐渐地被社会和时代所抛弃。在学习的时候，我们不仅要学习书本知识，还要从社会实践中汲取所需要的营养，只有坚持不断地学习，才能为人生的大格局提供充足的力量和智慧。建议养成每天读书10分钟的习惯，读10分钟能提升专业技能、扩大视野的书籍。

（2）在社会实践中锻炼。学习不只是学习书本上的知识，如果一个人一直把书本当作自己的老师，他所学的知识就会很少，视野的开阔度就会受限。我们要想得到真正的智慧，只能不断地扩大学习面。只有在社会这所大学校中学习，才能不断地充实自己，不被这个社会所淘汰。比如，参加学校的社团活动，利用寒暑假去餐厅饭店做义工，去名胜古迹、名人故居或纪念馆等地做义务讲解员，去养老院、残疾学校等慰问老人、残疾儿童等弱势群体，去超市工作，帮助商场、企事业单位做市场调研等。亲身体验社会实践能让自己更进一步了解社会，在实践中增长见识，锻炼才干，培养韧性。在学会照顾自己的同时证明自己的能力，同时通过社会实践找出自己的不足。

（3）摒弃胆小心理，培养冒险精神。世界上不存在任何十全十美的事情，如果我们过于胆小，就只会看到失去的风险，而忽略了风险背后的收获。在生活中，我们经常羡慕那些成功者取得的成就，认为他们是幸运的。其实，他们的幸运不是上天的眷顾，而是因为他们敢于冒险。一个敢于冒险的人，能产生巨大的勇气，在勇气的支配下，他们会付出行动。最终，他们也会因为做了常人不敢做的行动，而取得常人无法取得的成就。

（4）做事情时要掌握重点，别被小事绊住。任何一个有所成就的人，在做事情的时候，都能分清楚轻重缓急，把有限的精力用到最重要的事情上，而不是舍本逐末，盯着小事不放。我们要想做好大事，就不能被那些烦琐的小事和细节蒙蔽了眼睛，更没有必要把任何事情都做到尽善尽美。应该做的事情我们要全神贯注地投入进去，不应该做的事情就没有必要去劳神费力。

（5）培养人脉，获得更多的支持。人脉对每一个人来说都是很重要的。人际关系是最重要的外部资源，它的存在能弥补你在能力上的不足、条件上的欠缺。俗话说"在家靠父母，出门靠朋友"，无论我们以后从事哪一种职业，如果没有一定的人脉关系，就会感到无助和痛苦，甚至会寸步难行。毕竟，我们生活在这个社会中，每天睁开眼睛就要和形形色色的人打交道，我们的工作和事业需要在别人的认可和帮助下才能完成。如果我们不能在这个社会中做到游刃有余、八面玲珑，在人际交往中没有非凡的能力，就会处处碰壁，难以成功。

（6）以智者为师，与强者为伍。俗话说"物以类聚人以群分"，朋友是生命中重要的组成部分，对一个人的一生能产生重大的影响。在与人交往的时候一定要注重多和优秀的人成为朋友。结交比自己优秀的人，能开阔视野，激发奋进之心，提高人生的高度。和优秀的人交往，能给自己带来更多的帮助，也能带来走向成功的机会。因此，一定要想方设法寻找和成功人士结交的机会，为自己将来的成功寻找一条道路。

大格局，说到底是大眼界，大智慧，大涵养，大气度。因此，小肚鸡肠的人，睚眦必报的人，都难有大格局。才大而器小的人，有格局，但格局终会促狭；才微而德盛的人，有格局，且格局会越来越辽阔。才能会使格局的内在丰富，德行会让格局的外延宽广。有大才大德的人，即便是眉宇方寸之地简单的一念流转，也可见大格局澎湃。

构建大格局，归根结底有三点，即大眼界、大襟怀与大涵养。

（三）作业：写给高中毕业的自己

请大家给高中毕业的自己写一封信（不少于500字），写完后放进信封里，这封信将交由教师代为保管，在大家毕业时再发还给大家，以作纪念。

【参考文献】

黄天中，吴先红.生涯规划——体验式学习（中学版）[M].北京：北京师范大学出版社，2010.

第 2 节　我的未来不是梦

一、生涯人物故事

快递小哥赵立杰

12 年前，23 岁的赵立杰，每天早上 7 点出门，早会过后，骑着一辆电动车收派件，一天工作 14 个小时。

12 年后，35 岁的赵立杰，成为顺丰速运的货机飞行员，累积了近 2800 小时的飞行时数。

"因为不喜欢本科时的专业"，什么都不懂的赵立杰当起了"快递小哥"，但当时工资并不高。

于是，每天起早摸黑、独在异乡的赵立杰奔向了前路并不十分明晰的未来。过了两年，赵立杰觉得人生该做出些改变。恰在此时，顺丰发出了内部招考飞行员的信息。此前，赵立杰对飞行员的概念还停留在小时候看过的战争片中。

一时间，公司里的年轻人都跃跃欲试。但招飞十分严格，赵立杰不敢怠慢，复习了好几天英语。第一轮英语面试刷掉一大批人。经过几轮考核后，赵立杰的人生新征程由此展开。赵立杰从没想过，自己第一次登上飞机，竟是要学会驾驭它。

前半年，赵立杰一直在学习理论知识，有时晚上都在上课。各种航空术语、飞机仪表数据、操作守则，当时 26 岁的他"感觉像回到了高三"。理论之后，就轮到重头戏实操。

第一次实操的体验对赵立杰来说其实并不好。后来每次实操前，他总是强迫自己尽快适应飞行状态，"当时压力很大，学开飞机这件事，肩负了太多人的期望，不可能轻言退缩"。功夫不负有心人，他终于进入了状态。

"教练还是天天骂，但每飞一次都会有所提升。"经过长达两年的学习和数轮考试，他终于从飞行学院毕业。

赵立杰是顺丰的第一批飞行员。民航局规定，货运飞机飞行时间为晚 8 点到次日早 8 点。赵立杰从此过上了欧洲时间。与客运飞机不同，货运飞机有时全机就只有两位飞行员和几十吨货物。开飞机送货的他要承担的精神压力比以前大得多。在如此高压的工作环境下，赵立杰一到假期就会打以球、游泳来减压，每一次飞行都是一次挑战。

"也许有人会觉得，长期闷在驾驶舱内是很枯燥的，但每次都有不同目的地，挑战过后，这份工作也在不断开拓我的眼界"，他说，飞机把他带到了当年电动车无法带去的远方。

如今，他已累积近2800小时的飞行时数。赵立杰和机长之间只差了一次理论考试和模拟机测试。8年的飞行经验，使赵立杰深信自己有把握应对各种突发情况。

从大学生到快递员，从快递员到飞行员，很多人惊讶于赵立杰的每一次转变。说到今后的规划，"向前辈们学习，把飞机开到退休为止"，赵立杰说。

（资料来源：叶孜文，连楷. 开飞机的快递小哥梦想当机长 [N]. 南方都市报，2017-10-04(AA16). ）

二、我的感悟

从一名快递小哥成为飞行员，是什么让平凡的赵立杰变得与众不同？同学们，他的人生经历对你有什么感悟，请写下来吧。

_____

_____

是什么让他在枯燥中坚定，在困难前坚韧，在挫败前坚强？有人说："梦想，让平凡的人生充满动力，让平凡的人们自带光芒。"对此，你有什么看法呢？

_____

_____

三、活动探索

活动一：我的梦想

流沙河在《理想》中说：理想是石，敲出星星之火 / 理想是火，点燃熄灭的灯 / 理想是灯，照亮夜行的路 / 理想是路，引你走向黎明。没有理想的青春，就像没有太阳的早晨，或许我们想要改变的不只是我们的职业理想。那么，请回忆自己曾经在脑海中闪现过或始终惦记着的梦想或想要改变的想法。这些想法可能是关于职业的、关于亲人的、关于同伴朋友的、关于生活的或关于世界的，请把它们写下来。

（1）关于自己未来职业的梦想或理想：

（2）关于亲人、同伴朋友的愿望：

（3）与自己未来生活相关的梦想或愿望：

（4）关于影响这个世界（或给这个世界留下点什么）的梦想或愿望：

活动二：未来的意外或惊喜

人生从来都没有一条通往既定目标的康庄大道。它是一场面向未知世界的冒险。未来对我们来说充满很多变数，也会带来很多可能。面对未来的意外或惊喜，你打算如何应对呢？下面我们利用"蝴蝶模型"给大家提供一次"冒险"的机会。

如图 5-1 所示，图中包含"计划圈"和"机会圈"。"计划圈"是我们实现梦想或愿景的规划路径；"机会圈"是我们可能会遇到的机会、挑战或困难。

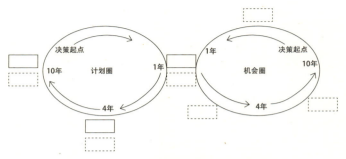

图 5-1 我的梦想或愿景实现的规划路径

现在请为自己的梦想或愿景制定规划路径：

_____

_____

我们假定自己的"机会圈"可能会遇到的意外或惊喜如下：

A. 你想学的专业，父母坚决不同意；那么你打算_____

_____

B. 你从事的工作最开始几年很受追捧，但政策变化，行业发展变得非常不景
气；那么你打算_____

_____

C. 企业被合并，你的岗位不存在了；那么你打算_____

_____

D. 家人生病，自己在外学习或工作不能照顾；那么你打算_____

_____

E. 科技进步，你的岗位被淘汰；那么你打算_____

_____

_____

F. 你发现自己选择的专业与设想的完全不一致；那么你打算_____

_____

"我的未来不是梦。"要想让这句话不停留在流于形式的口号上，就需要我们
在人生路上保持对行动的自律、对困难的坚韧、对机缘的善用和对目标的开放。
不能拘泥于长远目标达成的行动细节，而要重视偶发事件的弹性应对和对目标的
审视和反思。

📖 四、生涯知识

"蝴蝶模型"的由来

　　面对生涯发展，你是否也会有这样的质疑：世界和自己都在发展变化中，规划有何意义？传统的生涯理论是建立在静态的、未来可控的、未来可预测的理论假设基础上，而现实世界中却存在大量的不确定性和复杂性。

　　生涯理论界的学者也注意到了这种矛盾的存在。2006 年澳大利亚天主教大学的两位教授 Robert 和 Jim，他们相信在今天用混沌理论能更好地描述人的职业发展现象。为了协助人们更好地处理生涯发展过程中的不确定性和复杂性，他们就引用蝴蝶模型来进行解释和工具梳理。

　　2006 年时 Tony 和 Jim 做了两个小的尝试，把稳定性和机遇包含在一起建立了一个模型，叫作蝴蝶模型。从稳定到不稳定，从不稳定又回到稳定，如图 5-1 所示。

　　图左边是"计划圈"，是指一个人完全按照自己的计划会实现的各阶段目标，右边是"机会圈"，是指一个人在遇到机会、困难、挑战等偶然事件时可能做出的不同选择。这两个圆圈就像蝴蝶的两只翅膀，承载了人生的各种可能，因此被称为"蝴蝶模型"。蝴蝶模型将生涯可规划的内容与可能遇到的突发事件有机地联系起来，着重强调要妥善处理计划和不期而遇事件的关系，并提示学生为满足生涯发展的需要应具备哪些关键能力。

　　这里通过"蝴蝶模型"为大家讲解一位人物的生涯发展。王一涵，全世界第五大博览会——中艺博国际画廊博览会的 CEO。在她的计划圈中，她原来的发展路径是首师大的美术类专业硕士研究生——硕士毕业到大学教书——再去欧洲学几年画画——过悠闲沉静的生活。但一个意外打破了她原来的梦想，她的机会圈出现了意外：有位朋友带她去看画展，第二天她接到来自中国台湾的画廊总经理的电话，我要回台湾，需要有人来管理画廊。你愿不愿意来？总之她后来去了。

　　做了几年画廊后，那个画廊成为北京最知名的画廊。她后来联合几个画廊成立公司，再后来这个公司成为全球第五大博览会。

　　20 世纪 60 年代，美国气象学家研究时发现一种现象："一只南美洲亚马孙河流域热带雨林中的蝴蝶，偶尔扇动几下翅膀，可以在两周以后引起美国得克萨斯州的一场龙卷风。"后来人们把这种由微小变动引起连锁反应并最终导致极大变化的现象称为蝴蝶效应。

初始阶段一个微小的差异会带来巨大的变化。对俞敏洪（新东方创始人）来讲，高三时如果没有英语老师曹老师，如果没有复读，或许就没有今天的他。当年这些微小的扰动对未来可能会产生难以预估的影响。

（资料来源：曾维希．生涯混沌理论与生涯不确定性管理[M]．北京：科学出版社，2015.）

⭐ 五、生涯拓展

你是全力以赴还是尽力而为

一天，猎人带着猎狗去打猎。猎人一枪击中一只兔子的后腿，受伤的兔子开始拼命地奔跑。猎狗在猎人的指示下飞奔去追赶兔子。可是追着追着，兔子不见了，猎狗只好悻悻地回到猎人身边，猎人开始骂猎狗："你真没用，连一只受伤的兔子都追不到！"猎狗听了很不服气地回道："我尽力而为了呀！"

再说兔子带伤跑回洞里，它的兄弟们都围过来惊讶地问它："那只猎狗很凶呀！你又带了伤，怎么跑得过它的？""它是尽力而为，我是全力以赴呀！它没追上我，最多挨一顿骂，我若不全力奔跑就没命了呀！"那只兔子回应道。

这让我回想起网络上流传的一段文字。

现在的他们——

马云：阿里巴巴集团、淘宝网、支付宝创始人。现任阿里巴巴集团董事局主席、中国雅虎董事局主席、杭州师范大学阿里巴巴商学院院长、华谊兄弟传媒集团董事、菜鸟网络董事长等职务。

李嘉诚：现任长江和记实业有限公司及长江实业地产有限公司主席。

奥巴马：美国民主党籍政治家，第44任美国总统，是美国历史上第一位非洲裔总统。

20 岁的他们又是什么样的呢？

1984 年马云不顾家人的反对参加第三次高考，数学 89 分，但是离本科线差 5 分。

1945 年，李嘉诚为了养活母亲和三个弟弟，在舅父庄静庵的中南钟表公司当泡茶扫地的小学徒。

1979 年，奥巴马因为自己的种族背景，十分自卑，做了很多愚蠢的事，比如逃学、打架等，成了一个不折不扣的迷途叛逆少年。

面对困难他们又是如何选择的呢？

虽然未达到本科分数线，但由于优秀的英语成绩，马云破格升入杭州师范学院外语本科专业，进入大学后，马云成了品学兼优的好学生，先后当选学生会主席和杭州市学联主席。

李嘉诚因不愿长期寄人篱下，便到一家五金厂当推销员，开始了香港人称之为"行街仔"的推销生涯，由于出色的推销成绩，升任塑料花厂的总经理。

在祖父的教导下，奥巴马回到美国，先在加利福尼亚州求学两年，并发表诗歌《老爹》，后转至哥伦比亚学院，于 1983 年取得国际关系专业学士学位，1988 年进入哈佛大学法学院主修法律。

人是有很多潜能的，但是往往会对自己或对别人找借口："管它呢，我们已尽力而为了。"事实上尽力而为是远远不够的，尤其是在现在这个竞争激烈、充满危机的年代。我们应常常问自己，我今天是尽力而为的猎狗，还是全力以赴的兔子？

（资料来源：奥巴马．奥巴马回忆录：我父亲的梦想 [M]．王辉耀，译．南京：译林出版社，2009．）

参考文献

[1] 管以东 . 班级积极心理团体心理辅导设计 [M]. 安徽 : 合肥工业大学出版社 , 2015.

[2] 刘靖文 , 宋鹏轩 , 颜东升 . 我的高中生涯教育课程教学手册 [M]. 北京 : 研究出版社 , 2018.

[3] 刘宣文 , 张明敏 . 高中生生涯规划与辅导 [M]. 浙江 : 浙江人民出版社 , 2017.

[4] 黄天中 , 吴先红 . 生涯规划——体验式学习（中学版）[M]. 北京 : 北京师范大学出版社 , 2010.

[5] 吴志兰 . 中学生职业规划 [M]. 北京 : 中国市场出版社 , 2010.

[6] 何一萍 . 让梦想起飞——生涯规划（中学）[M]. 南京 : 江苏凤凰科学技术出版社 , 2016.

[7] 沈之菲 . 生涯心理辅导 [M]. 上海 : 上海教育出版社 , 2018.

[8] 陈伟 . 不可阻挡的力量——高中生目标管理辅导 [J]. 中小学心理健康教育 , 2014 (2) : 22–23.

[9] 周晖 , 钮丽丽 , 邹泓 . 中学生人格五因素问卷的编制 [J]. 心理发展与教育 , 2000, 16 (1) : 48–54.

[10] 陈旭 , 周琳 . 国内外压力管理研究现状比较分析 [J]. 中国商论 , 2017 (33) : 117–118.